AF499745

LES
PONTONS
DE
ROCHEFORT

1793

PARIS
BAUR ET DETAILLE, LIBRAIRES-ÉDITEURS
10, RUE DES BEAUX-ARTS, 10

LES

PONTONS

DE

ROCHEFORT

1793

PARIS

BAUR ET DETAILLE, LIBRAIRES-ÉDITEURS

10, RUE DES BEAUX-ARTS, 10

RELATION

De ce qu'ont souffert les Prêtres conduits à la rade de l'isle d'Aix, à la fin de l'année ***1793*** *et au commencement de* ***1794****; suivie de plusieurs Catalogues utiles.*

Par un Prêtre du département de l'Allier.

A l'embouchure de la Charente, le plus petit et aussi le plus profond des fleuves de France, « fossé de mon royaume » disait François Ier, flotte une île qu'un lien de terre, tantôt à sec, tantôt couvert par les flots, retient au continent, comme un ponton rattaché à la rive par un câble à moitié submergé. Deux jetées naturelles, formées de cailloux, de roches et de sable ferme, vous y donnent accès, sans mouiller vos pieds, si la mer est basse. Ici est Fouras, sur la côte; là s'élève l'île d'Aix; plus loin on distingue à droite l'île de Ré, à gauche l'île d'Oleron. Ce n'est qu'un lopin de terre, quatre kilomètres de circonférence au plus. Pour tout habitant un fort avec un gardien et sa femme, une ferme avec son fermier. Le sol est assez fertile. Les rochers qui lui font une ceinture le sont davantage. C'est là que la population de la côte vient chercher sa vie. Dès que la mer se retire, arrivent pêcheurs et pêcheuses qui la suivent, ramassant bien vite ce qu'elle a apporté ou ce qu'elle découvre : moules, sourdons, guignettes, chancres, parmi les algues et les fucus, dans la vase, dans l'eau, sous les pierres, sur les rochers. Cette motte, jetée là comme en pâture à la Charente et à l'Océan qui à l'envi la rongent inutilement depuis des siècles, c'est l'île Madame, que la langue révolutionnaire baptisa bêtement l'île Citoyenne, que la langue populaire a nommée l'île des Prêtres, et qui s'appellera sans doute bientôt l'île des Saints.

*
* *

Voyez-vous ce terrain vague, sablonneux, ancien lai de mer, qui s'étend au sud-ouest de la Charente, à votre main gauche quand vous allez du Port-des-Barques au fort de l'île, par la Passe-aux-Bœufs? Ce n'est déjà plus la mer; ce n'est pas encore l'île; espace intermédiaire entre le flot et le sol, qui a appartenu au flot, que le sol a définitivement conquis, mais que la culture n'a pu s'attribuer. Les vagues qui inondent la passe viennent jusque-là, et moutonnent sans l'atteindre. Du reste, ce champ semble se ressouvenir; il a des ondulations et des vagues. Est-ce le flot qui a creusé le sable? Est-ce le vent qui l'a soulevé? D'où viennent ces monticules et ces flaques? Ces rugosités sont-elles naturelles? Non. L'homme a passé là; ces plis et ces rides du sol lui sont dus; sa main a fouillé la terre. A genoux : ce sont des tombes. Cherchez d'ailleurs dans toute l'île; il n'y a qu'un point où croissent spontanément des fleurs; ces immortelles de mer fleurissent des tombeaux. Priez. Bien d'autres y sont déjà venus murmurer une invocation plutôt qu'un *De Profundis*; d'autres plus nombreux y viendront. C'est le champ des Martyrs, dit la tradition confirmée par des fouilles. Là, sous quatre-vingt-dix centimètres de sable frais, gisent de nombreuses victimes de la persécution religieuse. Là et au fort Vaseux et à l'île d'Aix, sont couchés cinq cent quarante martyrs de la liberté de conscience, dont les noms sont inscrits à ce livre d'or séculaire où le fanatisme n'a pas encore mis le mot *fin*. Là, dorment confondus, pêle-mêle, des fils de paysans prévenus d'aristocratie et des enfants de gentilshommes accusés d'incivisme; quelques prêtres mariés condamnés pour crime de superstition, et de saints religieux convaincus d'attentats liberticides, sanctifiés les uns par une vie irréprochable, les autres par un repentir douloureux, tous par d'atroces souffrances pieusement endurées. Là se reposent enfin ces centaines d'êtres humains assassinés lentement, au nom de la liberté, tués de faim, de froid, de vermine, de misère, pendant onze mois, par des êtres humains qui parlaient d'égalité, et se vantaient d'être frères.

Près de là, ce petit enclos formé de haies vives, c'était le jardin du gardien du fort. On permit à ces malheureux d'y ranger un moment leurs tentes.

Comment tenaient-elles? L'espace est si étroit! La zône du fort ne les laissait pas pénétrer plus avant, et l'Océan leur barrait le passage. La maisonnette qui se dresse ici derrière un rempart de terre, place d'un ancien fort, abritait le pourvoyeur des prêtres, celui qui distribuait à chacun son morceau de pain. Sur le bord de la digue, au Port-des-Barques, s'élevait l'hôpital de planches où soixante-dix environ trouvèrent la fin de leurs maux. Dans cet espace couvert de vase qui s'étend jusqu'à la Passe, ils furent débarqués ayant de la boue jusqu'aux genoux, poussés, culbutés par les matelots, ne se relevant que pour glisser encore dans la fange gluante. Rien n'est changé. La mer dans son continuel mouvement a tout respecté. Chaque lieu est marqué; chaque point de ce territoire a son histoire, qu'il serait trop long de raconter ici. Ah! qu'on peut bien adresser à l'île Madame cette apostrophe que notre poète envoyait à sa voisine l'île d'Aix :

Insula felix,
Quæ portus nostros multo defendis ab hoste,
Ingenti, sis parva licet, donabere fama.
Quorum nempe tenes sacra pignora, quisque triumphos
Cantibus extollet. Gens ad te confluet omnis
Tam certos rebus dubiis orare patronos.
Quin ibi consurget templum (faxit Deus!) in quo
Cultor non deerit verum qui numen adoret.

Ile heureuse, qui protéges nos ports contre nos ennemis, tu jouiras, quoique petite, d'une grande réputation, toi qui gardes dans ton sein ces ossements sacrés qu'on célèbrera par des chants. Là viendra la foule invoquer dans ses malheurs des patrons qui ne lui manqueront pas, et un temple, Dieu le veuille! s'élèvera là où les fidèles accourront implorer le Seigneur.

Pour le moment, aucun monument religieux n'existe dans l'île Madame, sur ces tombes de martyrs, sur ces déportés de la foi. Il y a seulement, à l'heure où nous écrivons ces lignes, quatre cents communeux de Paris.

*
* *

A 400 kilomètres de là, au centre de la France, à Moulins, ancienne capitale du Bourbonnais, dans une rue peu fréquentée, est une petite chapelle, sans grand caractère architectural. C'est à peine même si sa façade la révèle. Rien n'attire l'attention du voyageur au dehors; rien ne la retient au dedans. Les *Guides* l'ont oubliée. Il y a vingt ans, ce n'était pas même un édifice sacré; j'y suis allé au spectacle. Le temple était théâtre en attendant qu'il devînt église. Pendant cinquante ans, on a ri sous ces voûtes du Dieu qui a dit : « Malheur à ceux qui rient. » On a chanté des gaudrioles où retentissent des cantiques; on a étalé des obscénités au public où avaient prié pendant plusieurs siècles les pieuses filles de sainte Claire. Un jour, ces murs n'ont plus même été bons pour une salle de vaudeville. Heureusement. Nettoyés, purifiés, ils sont redevenus un lieu de prières. L'hymne perpétuel a recommencé après une longue interruption et se continue.

C'est aujourd'hui une succursale de la cathédrale, la paroisse. Il fallait rendre à cette antique maison ses images de saints, ses statues, ses chants, son encens, ses cérémonies, ses prières. On lui rendra un tableau de marbre contenant 76 noms d'ecclésiastiques qui y furent enfermés avant de partir pour l'île Madame. C'est le projet de Mgr de Dreux-Brézé, évêque de Moulins, à qui l'on doit le rétablissement du culte dans cette chapelle, comme c'est le vœu de Mgr Thomas, évêque de La Rochelle et de Saintes, d'élever un monument sur les restes de ces confesseurs de la foi à l'île Madame. La souscription est ouverte. Il y a déjà dix mille francs. Ce n'est pas assez ; mais l'argent viendra dès qu'on connaîtra cette œuvre. Les trente-cinq diocèses qui ont là quelques saints y contribueront largement. Et bientôt un monument, funéraire et triomphal, portera la croix dans les airs, au dessus des houles de l'Atlantique. Voilà ce que l'on gagne à persécuter les croyances. On jette des êtres vivants sous les balles, dans les pontons, sous le couperet ; et on les retrouve sur des autels. On pensait les avilir, les anéantir, eux, leur nom, leur foi ; et l'on voit tout cela vénéré, glorifié, exalté. Mais les bourreaux vivent aussi. Maintenant, dans ces parages, quand un enfant est méchant : « Tiens, voilà Gibert qui vient. » C'est le capitaine du *Washington*. Villecolet, lieutenant en second des *Deux-Associés*, a remplacé Croquemitaine ; et le capitaine Lally, pendant quarante-deux ans qu'il vécut après ces hautes œuvres, ne s'entendit plus appeler que le « tueur de prêtres. » Déjà et désormais, ces noms sont légendaires, et immortels comme les victimes.

La chapelle Sainte-Claire a été la première station de ce nouveau chemin de la croix, le premier acte de cette longue et dure agonie qui a fini en rade de l'île d'Aix. De ces 76 religieux, quelques-uns y étaient entrés indignes. Quelques-uns avaient fait, pour sauver leur vie, tous les serments, abjuré leurs croyances, déshonoré leur caractère, renoncé à leur état, blasphêmé le Dieu de leur jeunesse, trahi leurs promesses, épousé leurs servantes. Est-ce qu'ils furent épargnés? Est-ce que, dans ce loyal pays de France, l'apostasie ne fait pas horreur? Est-ce que le renégat n'est pas un criminel? Pouvaient-ils d'ailleurs effacer de leur front le stigmate de gloire et d'ignominie, l'onction qui les consacrait ministres du Très-Haut? Le malheur éclaire et la torture purifie. Ils sortirent de cette prison régé-rés, et s'en allèrent vrais frères de leurs confrères, dignes de leurs compagnons de chaîne, dignes de souffrir et de mourir.

*
* *

C'était à la fin de novembre. Le premier convoi, composé de vingt-cinq personnes, quitta Moulins le 25. Il était conduit par Joseph Imbert, de Marseille, vicaire apostolique du diocèse de Moulins, vieillard de 75 ans. Le second, de vingt-quatre personnes, s'éloigna le 28. Le reste partit le 3 avril 1794. Les forçats étaient conduits avec plus d'humanité aux galères. Ces hommes, chanoines, curés, religieux, étaient entassés sur de mauvaises charrettes à la pluie, au vent, au froid. Se garantissait qui pouvait; mourait qui voulait. Un vieillard, à Souvigny, tout enfant à cette époque, me racontait qu'un jour la charrette était pleine de moines blancs. Son imagination naïve et jeune l'avait trompé : ils n'étaient blancs que de neige. Aussi la route est jalonnée de cadavres. A Angoulême, c'est Charles Bougarel, né à Gannat, curé de Biozat, et Maurice Deschamps de Pravier, trésorier de la Sainte-Chapelle de Bourbon-l'Archambault. A Saintes, c'est Pierre Decluny, minime à Moulins où il était né. A Rochefort, succombent un chanoine de Moulins, Jean-Jacques Beraud, et Jacques Bernard, né à Vichy, curé de Vouroux-lès-Varennes[1]. Sur la route, ils sont injuriés, maltraités, volés. A Limoges, ils trouvent à l'entrée de la ville une foule d'ânes et de boucs revêtus d'habits sacerdotaux. Oh! l'agréable plaisanterie! Le spectacle de ces malheureux conduits au supplice eut été trop triste pour ces cœurs sensibles; il fallait l'égayer un peu. Et voyez combien l'idée était ingénieuse et de bon

[1] Lequin les indique comme morts sur les pontons, les 21 juillet et 27 août 1794; et les registres de l'état civil de Rochefort ne portent pas leurs noms. Il faudrait donc plutôt s'en rapporter à Lequin.

goût! Un énorme pourceau, vêtu pontificalement, fermait la marche et portait sur sa mitre cette inscription : *le pape*. Nos voyageurs furent contraints de descendre de leurs véhicules, et on les mit deux à deux en rangs alternés avec ces animaux. Puis la procession s'avança. On juge de la foule. Elle n'avait pas de pain; on lui donnait des spectacles. Quelle plus délicate pature que les angoisses des misérables! Sur la place principale était dressé un échafaud; le triangle égalitaire fonctionnait : autre spectacle. La hideuse théorie se rangea autour du meuble de Guillotin. Bientôt les gendarmes amenèrent un prêtre condamné à mort; et son sang ruissela. Ses confrères étaient là, croyant leur dernière heure arrivée. Le bourreau prit la tête, la montra au peuple, et cria : « Par lequel voulez-vous que je continue? — Par celui que tu voudras. » Les malheureux prisonniers avaient bien tort vraiment de s'effrayer : c'était histoire de rire; on ne voulait que leur faire peur et s'amuser de leur épouvante. Les canibales avalent le sang gloutonnement, brutalement, en vrais sauvages. Nous, gourmets, nous le humons à petits coups, en chantant, en riant, après l'avoir tiré goutte à goutte des veines des victimes palpitantes, et prolongé leur supplice pour l'avoir plus chaud.

Ils sont mal reçus à La Rochefoucauld et à Cognac, assez bien à Saint-Junien, à Jarnac. A Saintes, on les enferme dans l'abbaye de Sainte-

Marie, au faubourg Saint-Pallais, d'où l'on avait expulsé les 82 Bénédictines. Ils y passèrent quelque temps, manquant de tout, et forcés, le 6 pluviôse, de demander à la municipalité de quoi vivre. Un beau jour, des citoyens trouvèrent que ces 48 prisonniers mangeaient encore trop, que ces gueux-là dévoraient le pain des bons patriotes, et allaient affamer la ville. Donc le conseil général de la commune « invite l'administration à faire partir les prêtres reclus qui à raison de leur incivisme demandent (*sic*) des inquiétudes et contribuent à affamer les citoyens. » En outre, il condamne à l'amende, à la prison, aux frais, trois pauvres servantes, coupables de leur avoir envoyé du pain, « ce qu'elles n'ont pu se permettre, dit le jugement affiché, sans violer les droits de l'humanité, de l'égalité et de la justice. » Les droits de l'humanité violés parce qu'on donne du pain à un misérable ! Saintes, un an après, rachètera bien la lâche bêtise de sa municipalité ; et le dévouement admirable qu'elle montra pour les débris de ces énergiques croyants fait bien oublier ce moment de grotesque férocité.

Expulsés comme bouches inutiles, ces malheureux sont dirigés sur Rochefort. On les entassa dans d'anciens couvents avec des galériens qui se croyaient bien au-dessus d'eux, blasphêmaient et les volaient. Ils couchaient sur la terre nue ; puis quelque temps après sur un matelas ; ces messieurs les forçats avaient des lits.

Enfin l'embarquement. On en hisse cinq cents sur les *Deux-Associés,* trois cents sur le *Washington.* L'*Indien* en reçoit d'autres. Et les vaisseaux négriers s'avancent vers Cayenne. Ils passent à Martrou, à Soubise, à Saint-Nazaire, ces immenses corbillards chargés de cadavres encore vivants. En face du Port-des-Barques, l'on jette l'ancre, les croiseurs anglais s'opposant à la sortie. Il était facile de retourner à Rochefort. On resta cependant. Et durant un an, hiver, été, pluie, neige, chaleur tropicale, froid glacial, les habitants, avec une terreur dont le souvenir se conserve et se conservera dans le pays, virent devant eux ces affreux vaisseaux, d'où chaque matin s'échappait une épaisse fumée de goudron, preuve qu'il y avait encore des déportés vivants, puisqu'on en asphyxiait quelques-uns. Ils demeurèrent là onze mois. Leurs souffrances, je ne les dirai pas. Les témoins, les victimes vont les raconter. J'ai entendu un vieillard du Port-des-Barques, qui avait 7 ans en 1794, me pleurer leurs tortures ; et lui, il avait subi les pontons anglais ! Trois vaisseaux, trois guillotines flottantes et permanentes, qui ne font point de fracas et expédient pourtant chaque jour une demi-douzaine de condamnés en cattimini, sans roulements de tambours, ni sonnerie de trompettes. Quoi donc ! on a des mœurs ; on se respecte. Faire couler le sang ? Horreur ! Là, dans ces cales infectes et infestées, il n'y avait guère de vivant que la vermine, les poux grouillants qui suçaient le sang de part à demi avec les bourreaux. Quelques prêtres périrent littéralement dévorés. Dès que l'un de ces cadavres avait achevé d'expirer, le canot démarrait; et ses confrères le portaient à terre, sur leurs épaules, piétinant dans la vase, et ils l'inhumaient. La vie ne se révélait que par la mort. Deux cent quatre-vingt-cinq seulement survécurent.

*
* *

Comment ai-je fait un jour le même trajet que les 76 ecclésiastiques du département de l'Allier! Comment parti de Moulins, ayant traversé Souvigny, Montluçon, Guéret, Limoges, Saint-Junien, La Rochefoucauld, Angoulême, Jarnac, Cognac, Saintes, Rochefort, me suis-je trouvé à Saint-Nazaire, au Port-des-Barques, à l'île Madame, ne m'étant aperçu qu'à Saintes de mon involontaire pélerinage? Le hasard a de singulières coïncidences. Par désir de connaître, j'ai lu l'opuscule suivant. Il est rare. Je le réimprime, premier numéro d'une série. Certes, il y a des relations de ce lugubre épisode plus complètes. M. l'abbé Manseau en a inséré une dans le *Bulletin religieux du diocèse de La Rochelle* plus détaillée. En est-il de plus émouvante? On a celles de Labiche de Reignefort, de Bottin, de Michel, et autres. Qui connaît Lequin? Qui connaît Dumonet? Il m'a paru que leur écrit valait la peine d'être tiré de la pénombre. Et puis ce sont des vers et des vers latins. Sont-ils parfaits? Un amateur y trouverait peut-être plus d'un solécisme et quelques fautes de quantité. Sur le *Washington* on n'avait pas précisément toutes les facilités pour étudier, et limer ses hémistiches. Et les matelots qui dérobaient tout, qui sondaient jusqu'à l'anus, pour voir s'il n'y avait rien de caché à voler, n'avaient laissé à bord ni le *Gradus* de Noël, ni le *Thesaurus* de Quicherat. On excusera donc ces fautes. Les événements n'en sont pas moins exacts, authentiques ; car si les auteurs ont parfois commis des erreurs de langue et de versification, ils ne sont coupables d'aucune altération des faits. Pas même d'exagération. Ils sont peut-être restés en deçà de l'horrible réalité. L'hyperbole est pourtant une ressource poétique.

Ils sont deux collaborateurs, même trois. Je ne serai pas le quatrième, et je publie sans changer une ligne, un mot, une faute. Voici la part de chacun dans ce travail successif, et ce que l'on connaît d'eux.

*
* *

Antoine Lequin, était né en 1733 dans le diocèse de Clermont, à Cusset, jadis cité de l'Auvergne, alors ville du Bourbonnais, aujourd'hui chef-lieu judiciaire de l'arrondissement de Lapalisse. Au mois de juillet 1776, à la place de Bessède, qui devenait prieur-curé de Bourg-Lastic, département du Puyde-Dôme, il fut nommé prieur-curé de Saint-Austremoine de Loriges, paroisse aujourd'hui supprimée et réunie à Saint-Pourçain. Son prédécesseur fit son dernier acte le 24 février; lui ne paraît que le 3 août, l'intérim ayant été rempli par Maignol, déservant de Soupaize, et Bessède. Lequin demeura là quinze ans. Quand la constitution civile du clergé lui imposa un serment contraire à sa conscience, il refusa d'obéir, et fut déclaré déchu de son bénéfice. Le 8 avril 1791, il signe son dernier acte; son successeur, Bruneau, qui avait eu moins de scrupules que lui, et avait juré fidélité à la constitution, venait pour prendre sa place; et, en effet, il exerça pour la première fois les fonctions curiales, le 13 du même mois. Le 10, Lequin avait été chassé de son presbytère. Ses meubles, sa bibliothèque, furent dispersés et vendus. Personne n'en put rien soustraire au pillage. Pour lui, il erra aux environs de sa paroisse, vivant d'aumônes, accueilli chez des personnes généreuses. M. de Lacodre le logea quelque temps dans un appartement au haut de sa maison. Pendant plus d'un an, il vécut de cette existence précaire et misérable. Le 20 septembre 1792, on l'arrêta et on le mit en réclusion à Moulins. Sa détention dura un an. Enfin, le 25 novembre 1793, il fut déporté. Pourquoi? Il n'en a jamais su le motif, sinon qu'il était prêtre. Infirme et sexagénaire, on pouvait l'épargner. Il partit cependant avec les 26 autres ecclésiastiques qui formaient le premier convoi.

Trois seulement revinrent, lui, Joseph-Pierre Durand, principal du collége de Cusset, et Claude Meunier, semi-prébendé au chapitre de Notre-Dame, tous deux de Moulins. C'est au curé de Loriges que nous devons ce récit des tortures endurées sur les vaisseaux. La pièce de vers latins qui en fait le fonds n'est pas tout entière de lui. Il n'a fait qu'y ajouter quelques passages, et retoucher certains hexamètres.

*
* *

L'auteur primitif est Dumonet, principal du collége, à Mâcon, où il était né vers 1747. Le *Martyrologe du clergé français pendant la Révolution* dit qu'il fit le serment à la constitution civile du clergé, et le rétracta. Le *Légendaire d'Autun* ne parle pas de ce fait; et l'abbé Aimé Guillon, dans ses *Martyrs de la Foi pendant la Révolution française*, II, page 44, doute qu'il ait été assermenté, parce que, dit-il, les sentiments exprimés dans ces vers « ne sont certainement pas ceux d'un prêtre infidèle. » Réfractaire ou non, il n'en fut pas moins déporté par les administrateurs du département de Saône-et-Loire vers la fin de 1793, et mis sur le *Washington*. Pour se distraire un peu, pour calmer ses souffrances, sans livres, bien entendu, il composa des vers que Guillon un peu indulgent peut-être, trouve « pleins de suavité, » mais qui n'en sont pas moins fort intéressants.

« Aurèle Prudence, sans doute au IVe siècle, ajoute-t-il, avait célébré en vers les martyrs de l'Église ; mais il ne souffrit pas avec eux les tourments auxquels ils ont été livrés, tandis que Dumonet chantait avec une sorte de satisfaction ceux qu'il partageait avec ses confrères. Il y revint à plusieurs reprises et toujours avec ce calme, cette résignation voisine de la gaîté qui attestent la paix de l'âme et la confiance de la vertu dans le suprême rémunérateur. On trouve de la verve et de la bonhomie ; et l'espèce de désordre qu'on y peut remarquer ne fait que prouver davantage qu'il ne versifia pas pour se faire lire, mais pour exprimer les religieux sentiments dont son âme surabondait. Ce désordre auquel a voulu remédier un vénérable curé (le prieur Lequin), échappé au même supplice, en refondant la narration poétique de Dumonet, n'empêche pas qu'elle n'ait un intérêt bien touchant pour les âmes pieuses et même pour les amateurs de la versification latine. »

Dumonet souffrit d'abord avec énergie ; il lutta résolument contre la maladie. Puis l'inanité de ses efforts le désespéra. Il mourut, dit M. de Labiche de Reignefort, dans sa *Relation très détaillée de qu'ont souffert les prêtres dans la rade de l'île d'Aix*... page 164, 2e édition, « il mourut rongé de poux, auxquels il avait fini par se livrer absolument en proie, voyant qu'il ne pouvait réussir à les extirper. Il eut besoin de tout son courage chrétien pour supporter ce cruel martyre. Un passage des Livres Saints, que lui cita fort à propos un de ses confrères, releva son âme flétrie et affaissée sous le poids de cette humiliation qu'il ressentait très-vivement, et le soutint constamment jusqu'au moment où il consomma heureusement son sacrifice. » Il acheva de souffrir le 29 janvier 1795, à l'âge de 47 ans. Il fut inhumé dans l'île Madame, non près du Fort-Vaseux, comme le dit l'abbé Labiche.

Voici son acte de décès :

« Aujourd'hui 27 fructidor, l'an 2e de la Repque. une et indivisible. Nous sous signés officier chargé du détail à bord de la flûte le *Vashington*, capne. Gibert, certifie que le nommé Claude Dumonet, professeur au collége de Mâcon, dist. d'*idem*, département de Saône-et-Loire, âgé de 48 ans, est décédé sur l'isle Citoyenne, vers les 1 heure après midi, d'une fièvre putride.

» Fait à bord lesdits jour, mois et an que dessus.

» Naud, lieut. chargé du détail. »

*
* *

C'est à Saintes, dans le couvent des filles de Notre-Dame, où furent détenus en mars 1795 les prêtres survivants, qu'Antoine Lequin reprit la pièce de vers de son confrère : « J'ai retouché, raconte-t-il lui-même, page 21, la pièce précédente ; j'y ai fait quelques corrections ; j'y ai ajouté des notes pour l'éclaircissement de plusieurs endroits, pour la satisfaction des lecteurs, et pour y insérer certains faits que j'avais omis ; enfin j'ai mis le tout dans le meilleur état où il m'a été possible, lors de mon séjour à Saintes, où nous avions été transportés du vaisseau funeste que nous avons habité si longtemps, et dans lequel un séjour de trois jours de plus aurait suffi pour éteindre un souffle de vie qui me restait encore. » Vers, traduction ou plutôt paraphrase, notes, tout est daté de Saintes, le 30 mars 1795. Il y paie un légitime tribut de reconnaissance à cette cité qui fut si compatissante et si empressée. « Grâces soient rendues, s'écrie-t-il, en terminant, à l'infinie miséricorde du Seigneur. La généreuse ville de Saintes (mon cœur si longtemps flétri éprouve les tressaillements de la plus vive allégresse, lorsque je prononce ce nom chéri), la généreuse ville de Saintes nous fait oublier tous nos malheurs. Les bienfaits dont elle nous comble tous les jours, l'honnêteté et la grâce qui accompagnent ces bienfaits sont au-desssus de toute reconnaissance, de toute expression. Que ne m'est-il permis de faire connaître ici tant de respectables bienfaiteurs, tant de généreuses bienfaitrices qui se privent souvent du nécessaire pour me soulager ! Je lis dans leurs yeux attendris et mouillés par les larmes de l'amitié la plus compatissante, je lis qu'ils regardent comme une grâce et une bonté de ma part de vouloir bien accepter leurs offres. Quel contraste, quand je réfléchis sur la férocité de nos sanguinaires persécuteurs ! quand je rappelle à mon souvenir ces paroles brutales : « Scélérats, brigands, il faut avoir » une vertu plus qu'humaine pour vous laisser sub- » sister ! » Nous attendons avec patience une liberté qu'on nous fait espérer prochaine. Pour moi, je ne recevrai la nouvelle qu'avec le plus grand regret de me séparer de tant de chers bienfaiteurs. En quelque endroit de la terre, quelque soit le climat que j'habite, je leur voue à tous une reconnaissance qui ne finira qu'avec ma vie. »

Libre enfin, Antoine Lequin quitta Saintes et se rendit à Moulins. Laissons-lui la parole :

« La liberté nous ayant été rendue, le 12 avril 1795, je me rendis au chef-lieu de mon département. La générosité de beaucoup de personnes que Dieu toucha en ma faveur, et le bon accueil que je reçus partout, me donnèrent le moyen de faire un voyage de 87 lieues avec tout l'agrément possible. En arrivant, j'appris sans étonnement (car je connaissais la loyauté des régénérateurs de l'État) que tout mon mobilier, quoique dispersé dans plusieurs endroits, avait été vendu, dissipé, pillé. Aucun de ces nombreux amis qui, dans le temps où je pouvais leur être utile, m'accablaient des protestations d'un attachement inviolable, ne put soustraire au pillage la moindre chose. Jamais spoliation ne fut plus complète. *Dominus dedit, Dominus abstulit.* Mais la divine Providence ne m'abandonna pas. Je quittai un séjour qui m'était devenu odieux, et où la présence des possesseurs de ma bibliothèque et de mes autres meubles me blessait la vue. Le désir d'être utile à plusieurs personnes d'un vrai mérite, qui m'accueillirent avec une bonté que je ne saurais trop reconnaître, me fit retarder mon départ jusqu'au mois d'août. Je me rendis alors dans un autre département, comptant que notre sainte religion y serait moins outragée que dans le département de l'Allier. Mais je me suis trompé. Une nouvelle persécution s'élève. Les ministres du Seigneur sont de rechef ou en réclusion, ou déportés, ou condamnés à mort, ou obligés de s'expatrier. J'ai pris le parti de me cacher. Je ne sors que de nuit. Je change souvent de domicile. Je vis des aumônes et des charités d'un grand nombre de personnes, qui ne le cèdent en rien à celles de Saintes, soit pour la générosité, la piété ou la foi. Que le Seigneur daigne suppléer à mon impuissance et qu'il leur rende au centuple le bien qu'elles me font. J'aurai à leur égard la même discrétion que j'ai eue à l'égard de mes bienfaiteurs et bienfaitrices de Saintes. Je ne ne les nommerai pas, de peur de les compromettre ou de me compromettre moi-même. Je me contente de déclarer que partout où j'ai passé, partout où j'ai séjourné, j'ai rencontré de ces personnes généreuses au-dessus de tous les éloges.

A***, avril 1796. »

C'est après cette date, 1796, qu'il publia la brochure petit in-8° de 59 pages qui nous donne de si précieux renseignements. Voici le titre :

RELATION

De ce qu'on souffert les prêtres conduits à la rade de l'isle d'Aix, à la fin de l'année 1793, et au commencement de l'année 1794 ; suivie de plusieurs catalogues utiles.

Par un prêtre du département de l'Allier.

Seconde édition.

Pas de millésime, pas de nom de typographe, pas d'indication de lieu d'impression. Pour épigraphe, l'auteur a pris les versets 35, 36 et 37 de l'épître de Saint-Paul aux Romains :

℟ *Quis nos separabit a caritate Christi ? Tribulatio ? an angustia ? an fames ? an uditas ? an periculum ? an persecutio ? an gladius ? (Sicut scriptum est : Quia propter te mortificamur tota die ; æstimati sumus sicut oves ocasionis.) Sed in his omnibus superamus propter eum qui dilexit nos. — ROM. VIII, 35.*

A la deuxième page se trouvent les strophes suivantes en vers iambiques dimètres. Elles sont dédiées à l'évêque de Clermont, François de Bonal, qui avait donné et donnait encore à son clergé d'admirables exemples de courageuse fermeté et d'abnégation[1].

[1] François de Bonal, né le 9 mai 1734 au château de Bonal, diocèse d'Agen, fils de Jean, seigneur de Bonal, lieutenant au régiment de Jensac, et de Catherine de Mealet de Fargnes, fut d'abord chanoine, grand vicaire, grand archidiacre de Chalons-sur-Saône, puis sacré évêque de Clermond-Ferrand le 6 octobre 1776. Député du bailliage de Clermont aux Etats-Généraux, il refusa le serment à la constitution civile du clergé et partit pour l'exil. Pris en 1795 dans la petite île de Texel par les troupes de la Convention il fut ramené à Amsterdam, puis à Utrecht, enfin à Bréda où il devait être jugé. Il mourut à Munich le 3 septembre 1800.

VENERABILE PONTIFICI MEO

Francisce, temet victimam
Offerre gestis numini,
Antonius non degener,
Patrem sequetur filius.

Haud inscius quæ se manent
Exhauriet pericula
Antistitis gaudens pii
Hærere sic vestigiis.

—

Insaniat licet mare,
Fluctus tumentes erigens :
Suffultus exemplo ducis,
Maris ridebit impetum.

—

Hac surgit ad cælum via :
Fac, Christe, firma sit fides.
Adsit potens et gratia,
Tormenta quæ det spernere.

—

Il y a de tout dans cet opuscule. Il commence ainsi : Descriptio *harum quas perpessi sunt ærumnarum Christi sacerdotes, e provincia Elaveris*... Puis, page 7 : Traduction *libre des vers précédents*; page 17 : *notes*; additions, page 22; puis des *tableaux* des prêtres déportés, selon les diocèses, selon l'ordre alphabétique, selon la qualité, etc... Enfin viennent des vers français et quelques distiques latins. C'est un peu une macédoine. Le cantique y est près de la chanson. Le bon curé avait assez souffert pour s'égayer un peu. Je sais bien que ces divers morceaux, tant latins que français, ne sont certainement pas tous de lui. Il est même difficile de savoir s'il lui en faut attribuer quelques uns et lesquels. Quoiqu'il en soit, le ton en est parfois disparate ; le goût n'y est pas toujours bien pur. A quoi bon imprimer par exemple : *Aventure tragique?* L'auteur ajoute bien : « On a eu soin de déguiser les noms. » Il n'en est pas moins vrai qu'il faut chantonner « sur l'air du menuet d'*Exaudet* » des couplets semblables :

Quand Raya
Se noya,
Sa donzelle
Avec Calemant rioit.

Il y a bien d'autres traits que nous laissons :

Me crois-tu assez sot pour
Epouser une gour-
Gandine?

Il vaut mieux nous en tenir aux vers latins de Dumonet. Nous les avons reproduits tels que les a publiés Antoine Lequin. Mais Labiche les a mis une troisième fois sur le métier, et y a encore apporté quelques modifications, page 144 de sa *Relation.* Comme il n'était pas juste d'attribuer au prieur de Loriges plus qu'il ne lui revenait, nous avons mis avec des renvois, au bas des pages, les variantes, corrections, changements de toute nature qu'a subis cette pièce. Les corrections des trois éditeurs sont imprimées en italiques au bas des pages; le texte primitif de Dumonet, tel qu'il est dans Guillon, tome III, page 46, est en caractères romains. Ce qui est mis entre crochets dans le texte est une addition de Labiche de Reignefort, et entre parenthèse, une addition de Lequin. Cette disposition typographique permettra facilement de rendre à chacun des trois versificateurs ce qui lui est dû.

A la suite du récit nous avons imprimé d'abord le tableau général du nombre des déportés par département, tel que l'a dressé Antoine Lequin. Enfin une heureuse circonstance nous a fait connaître le livre de bord des navires le *Washington* et les *Deux-Associés*. Nous donnons donc les noms des prêtres morts en rade de l'île d'Aix, non plus d'après les ouvrages imprimés, mais d'après ces listes inédites, dont nous devons la bienveillante communication à M. Louis Meschinet de Richemond, archiviste du département de la Charente-Inférieure, à La Rochelle.

Ces deux derniers documents ont leur importance. Le premier contient les extraits mortuaires des prisonniers du *Washington* du 14 messidor an II au 6 vendemiaire an III (2 juillet au 27 septembre 1794). Il y manque le commencement, comme on le voit : car on a commencé à mourir sur le *Washington* comme sur le *Borée*, l'*Indien*, le *Bonhomme-Richard* et les *Deux-Associés*, dès l'embarquement en mars 1794. La deuxième pièce nous fournit les noms des ecclésiastiques décédés sur les *Deux-Associés* répartis par département, sans division bien rigoureuse cependant. Comme ce sont les *Deux-Associés* et le *Washington* qui ont eu la majeure partie des déportés nous avons un état qui sans être complet, nous donne un très grand nombre de noms. Ces noms sont affreusement mutilés; nous en avons corrigé la plupart. Tels qu'ils sont, ces documents sont importants. Authentiques et inédits, ils fourniront de nouveaux éléments pour cette funèbre nomenclature.

DESCRIPTIO

Harum quas perpessi sunt ærumnarum Christi sacerdotes, e provincia Elaveris aliisque bene multis, ad deportationem, seu potius ad mortem, contra jus omne rapti, circa finem anni salutis reparatæ 1793, vel initio anni sequentis 1794.

Quot fidei patuere oculis miracula nostris![1]
Sedibus ejecti[2] patriis, tumidasque per undas
Jactati, nimiùm longa statione tenentur,
Quos tua sacravit, Deus, unctio; Christus amoris
Quos infiniti nobis dedit esse ministros.
Carcere navali, cancellos inter opacos
Congestis, adeo tetri nascuntur odores,
Infesto ut videas languentia membra calore.
Quod modo purpureum fuerat, jam pallor in ore
Assidet. At retinent aliquas qui in pectore vires,[3]
Porcorum[4] norunt alimentis fortius uti.
Exustis en adest pulmonibus unda putrescens :[5]
Mucidus est panis, vel quo non durior ilex :
Quas præbet carnes aliquando durus et asper
Oppressor, crudæ, compersæ sordibus, aut sunt
Corruptæ prorsum, nimio sale vel vitiatæ.

[1] Quot Fidei attonitus vidit miracla Washington.

[2] Sedibus expulsi.

[3] Assidet. Atra fames morientia corpora mactat.
Qui vero retinent fugientes pectore vires
Exustos recreat dulcissima nomine lympha
Pulmones, re sæpe putris... Quid cætera versu ?

[4] *Porcinis.* — Porcinis.

[5] *Exustos rorat dulcissima nomine lympha*
Pulmones, re sæpe putris, parcissima semper.

Permixta et fex et vinum simul.[1] Omnia tandem
Hæc adeo parce proscriptis dantur, ut inde
Atra feroxque fames morientia corpora mactet.
Talia mens refugit cogitans.[2] Quid cætera versu
Prosequar ingrato turpissima? Vilia squalent
Vestimenta..... Manus quæ tam scelerata verendos
Fædavit vultus? Omni caret ipse decore
Christus; divinam nec fas agnoscere stirpem.

[Crinibus horrescunt et barba, frigore ut acri
Vix tuti esse queant. Mundandi ad corporis usum
Tela datur duplex lacera et persæpe lavanda.
Ergo valete nitentia, dulcia commoda, quidquid
His superest! pugiles videre sibi omnia tandem
Auferri, miseræ jam sustentacula vitæ.
Omnimoda ergo fuit sociis spoliatio cunctis,
Ut nudus nudum sequeretur quisque magistrum.]
Si placidus tamen in lassos irreperet artus[3]
Somnus, spes esset reparandæ certa salutis :
Quid vero valeant tabulata juvare cubantes,
Nuda quibus cervix non est ubi fessa quiescat?
Quæ miseros torquent percurrere longius esset
Omnia : inauditam patiuntur quisque malorum
Congeriem : sordes varias, meritoque tacendas,
Usque renascentes certatim auferre laborant.
[Per solidas horas : fastidia, tœdia, probra,
Et variata omnes sensus tormenta fatigant.
Sacra volumina si saltem solatio haberent!]
Sollicitudinibus pressos, quam sancta levarent
Cantica! Quam dulces haurirent fonte perenni
Lætitiæ sensus! Solamina tanta negantur.
Non licet exulibus diræ Babylonis in oris
Tam blandas citharæ digitis perstringere[4] chordas.
Tot gladios inter pietas gemebunda silescit[5].

[1] *Quas mare dat carnes, corruptæ sæpè bubulcæ,*
Incoctæ semper, conspersæ sordibus : addas
Si laridum, crudum est, nimiumve sal inficit illud ;
Appositæque dapes rostroque teruntur et ungue ;
Et vesci in croceis consuetos stercora cingunt.
Permixtæ faces simul et vinum : omnia.....

[2] *Atra fames miserandorum macilenta depascat*
Corpora : sed memorans rigeo!... Et quid.....

[3] *Si placidus tamen in sensus irreperet ægros.*

[4] Pertingere.

[5] Quiescit.

(Quem trahit in medio lethi discrimine morbus
Arcent, inque ratem lictores eminus illum,
Ne sævos perdant nautas contagia, trudunt.
Hic languescentes numerosos aspicit horrens
Fratres congestos, animam sub morte trahentes
Vicina ; nec adest ullus misero auxiliator.

At non, juste Deus, sperantes deseris in te :
Sancta sacerdotes perfundit gratia ; moxque,)
O cœlestis amor, quid non mortalibus afflas
Pectoribus sublime ? fremat natura ; triumphant :
[Qui tua sacra pati norunt incendia vincti,]
Diversisque manus adhibent languoribus aptas.
(Nec satis : errantes revocantur ; atria cœli
Sontibus et reserant : sunt omnibus omnia facti.)
Vos juvenum generosa cohors, queis nomina vestra
Versibus exornem, cunctas celebranda per urbes.[1]
Nimirum vestri immemores, libet omnia adire,
Vivere ut incipiant fratres, discrimina vitæ,
Illorumque dies vestris cumulare diebus.
(Verum jam pridem perversæ crimina gentis
Vindictam repetunt, vel serus stat Deus ultor.
Spreta sacerdotum monita acrem Numinis iram
Accendunt. Quæ jussa Dei nil impia duxit
Gens, spretis propere privabitur ipsa ministris.)
Nec mora : multa, eheu ! cadit hostia, summe sacerdos ;[2]
Æternasque tibi properat persolvere laudes.
(Plurima quotidiè sese offert mortis imago ;
Ex omni sternuntur inertia corpora parte ;
Dira lues fœde grassatur ; flamma medullis
Hæret lethalis ; jungit juvenesque senesque,
Et purgat maculas, cives et donat Olympo.
Hos fato, lector, crudeli plange peremptos ;
His ad scœlestem maturis plaude coronam.
In tot figuntur miserandas lumina strages
A tristi ut fugiat minimum vel mente levamen.
Obruit et pectus dolor alte, seu lapis ingens
Afflictis adimit lacrymas, gemitusque coercet,
Queis solaremur : pronam spectantia terram
Bruta, insensibiles statuæ ferme sumus. O vos,

[1] *Laudibus extollam latum celebranda per orbem.*

[2] *Sed quam multa tamen cadit hostia, summe sacerdos.*
Quam multa interea cadit.....

Confratres cari, superum qui scanditis æther,
Gaudia nunc bibitis pleno de flumine tuti ! [1]
Corporis et pondus retinet me in carcere vinctum;
Inter et exul adhuc tenebrosas erro procellas.

Tu, JOBERI, super cunctos dilecte, relinquis
Sic me, cujus eras vivus solamen, amicum.
Hei mihi ! charta madet [2], lacrimis maculatur obortis.
Ah ! liceat super hunc tumulum mihi spargere flores;
Et pectus tundens, gemitus effundere, donec
Cœlesti in patria rursum jungantur amici,
Quos hic junxit amor. [3] Fragili succure ministro,
Summe Deus ; culpam clemens ignosce precanti ;
Non mea, sed semper fiat tua, Sancte, voluntas, [4]
O pater, omnipotensque meos tua dirigat actus
Gratia, quæ mecum supplex te deprecor adsit.
Parcite, lectores ; quem defleo nostis amicum ;
Aut verus saltem nostis vos quid sit amicus.
Nunc opus incœptum jam prosequor.
Insula fœlix,
Quæ portus nostros multo defendis [5] ab hoste,
Ingenti, sis parva licet, donabere fama.
Quorum nempe tenes sacra pignora, quisque triumphos
Cantibus extollet. Gens [6] ad te confluet omnis,
Tam [7] certos rebus dubiis orare patronos.
(Quin ibi consurget templum (faxit Deus) in quo
Cultor non deerit verum qui numen adoret.

Interea prodeunt oculis spectacula prorsus
Terrifica attonitis. Adsunt nova prælia. Venti
En ruere incipiunt, luctantes undique. Quassa)
Ingemit et navis glacialibus acta procellis.

[1] *O clari pugiles, qui scanditis atria cœli !*
Gaudia nunc tuti bibitis de flumine pleno.

[2] *Hei mihi ! charta madens lacrymis.....*

[3] *Ah ! super hunc tumulum liceat mihi spargere flores*
Cum lacrymis ; liceat gemitus effnndere, donec
Quos hic junxit amor, rursum jungantur amici
Cœlesti in patria.

[4] *Non mea, sancte pater, tua sed fiat usque voluntas.*

[5] Insula, quæ multo portum defendis.....

[6] Navita quisque canet, gens ad te confluet omnis.....

[7] Tot.....

Horribile[1] ecce furunt aquilones impete : cursu
Autumni medio vel hiems asperrima sævit :
Inque sacerdotes elementa armata videntur
Omnia, tot fractos jam pestibus. Urit et imas
Per laceras vestes frigus penetrabile costas.
O res fœda! rigent artus; calor ossa relinquit;
Dentibus et tremulis porrecta cibaria mandunt.
Surge, Deus, sancta[2] qui terras, æquora cœlos
Lege regis, pugilesque tuos das vincere; vires
Et[5] repara nostras, ut qui nos perdere gaudent,
Nil, defendenti tibi, posse resistere discant;
Martyrio placare, Deus justissime, longo,
Et pacem tua relligio ferat usque serenam.

Hæc ego scribebam, dum me Neptunus haberet
Perfidus et diris agitaret fluctibus ægrum[3].

*
* *

Ejectis de presbyteris satis ipse videbar
Enarrasse : tamen docti sententia vatis
Quædam, absolvendæ tabulæ, desiderat addi
Lineamenta; manu vero si pictor aberret
Indocta, cupiensque novos adhibere colores
Atque opus incœptum perfectas ducere ad umbras,
Totum commaculem, pœnas dabis, improbe judex :
Pulchrum aliquid tibi conceptum me posse putabas
Exsequi, aristarcho monstrum quam large recurret!
Quos medium per iter sœva ad spectacula traxit
Publica vis, capitique sacro impendere securim,
Impurasque feras ritus lusisse verendos,
Qui tulerant oculis, ad atrocia quæque parati,
Jam fuerant fortes, videre sibi omnia tandem,
Auferri miseræ jam sustentacula vitæ.
Omnimoda ergo fuit sociis spoliatio cunctis,
Ut nudus nudum sequeretur quique magistrum.
Ergo valete, nitentia, dulcia commoda, quidquid
His superest, pondus velut incunctabile : quantum
Tristia deliciis subito mutantur ab illis,
Jure quidem culpas ad quaslibet apta luendas!

[1] Horrendo.....

[2] O Deus, æterna qui terras,

[3] Dumonet termine sa pièce par les vers suivants qui ne sont pas dans Lequin, et qu'il aurait eu grand besoin de corriger.

Crinibus horrescunt et barba, frigore ab acri
Vix tuti esse queunt; mundandi ad corporis usum
Tela duplex vix sufficiat, persæpe lavanda;
Appositæque dapes rostro teruntur et ungue;
Et vesci in croceis consuetos stercora cingunt.
Sacra volumina si saltem solatio haberent,
Aures quæ lacerant minus impia verba moverent
Athletarum animos : fastidia, tœdia, probra,
Et variata omnes sensus tormenta fatigant.

Ergo potes cum martyribus conferre recentes
Antiquis; non testa, rogus, non vincla, leones,
Sed mare, squalor, egentia, multa animalcula semper
Debellanda manent; eadem constantia, iisdem
Fructibus emerget donata corona labore,
Respondet : Forti succedunt præmia pugnæ.

TRADUCTION LIBRE DES VERS PRÉCÉDENTS[1]

DESCRIPTION

Des maux qu'ont soufferts les prêtres du département de l'Allier et de plusieurs autres départements entraînés à la déportation, 1793-1794[2].

Que de prodiges admirables opérés par la foi catholique! Que de merveilles étonnantes dont nous avons été les heureux témoins!

Ceux que l'onction sainte, ô Dieu tout-puissant, vous a consacrés; ceux que Jésus-Christ, votre fils, a daigné agréer pour être les ministres de son amour infini envers les hommes, après avoir été chassés de leurs paisibles demeures et dépouillés des biens temporels que les lois ecclésiastiques et civiles accordaient pour leur subsistance; après avoir erré comme des vagabonds qui n'ont

[1] On s'est permis d'ajouter quelques circonstances, quelques liaisons, quelques réflexions, qui ne sont pas dans les vers latins. On a transposé quelques vers qui ne paraissaient pas à leur place. On a détaillé un peu plus quelques faits; il y en a même quelques-uns qui ont été ajoutés. Mais il s'en faut bien qu'on ait tout dit Le détail de ce que nous avons souffert pendant la route; le supplice d'un prêtre innocent, condamné à mort et exécuté sous nos yeux; le vol de nos effets, de notre argent, de nos bijoux, comme boutons de manche, étuis, cachets, montres, tabatières, etc., l'indécence qui a accompagné ce vol, l'indécence encore plus brutale exercée contre les corps de nos confrères décédés, etc., sont autant de descriptions que quelques lecteurs seraient peut-être bien aises d'avoir sous les yeux. Mais outre que la prudence et la charité ont été nos guides, cela aurait mené trop loin. Il est même à propos de ne pas tout dire, et le plus grand nombre des lecteurs est, je pense, plus flatté quand on laisse quelque chose à ses réflexions.

[2] Les premières paroles que nous entendîmes, lorsque nous fûmes à bord du *Borée*, vaisseau à trois ponts, qui était à la rade de Rochefort, sont celles-ci : « Scélérats, brigands, il faut avoir une vertu plus qu'humaine pour vous laisser subsister. » On tient du capitaine des *Deux-Associés*, vaisseau où l'on nous mit à la sortie du *Borée*, où nous ne séjournâmes que le temps qu'il fallut pour s'emparer de nos livres et de notre argent, on tient, dis-je, de ce capitaine, et on a su d'ailleurs, que le projet de nos persécuteurs était de se défaire des déportés lorsqu'on serait en pleine mer, ainsi qu'il arriva à Nantes. Dieu n'a pas permis que cet horrible complot fût exécuté.

d'autre ressource que la commisération des personnes charitables; après avoir gémi dans une longue captivité, soit dans les prisons, soit dans les maisons de réclusion[3]; après avoir traversé, ainsi que des criminels, une grande partie de la France, en butte aux outrages, aux avanies, aux mauvais traitements d'une populace effrénée et d'une soldatesque insolente; après avoir erré quelque temps sur les flots d'un élément fougueux et mutiné, sont enfin fixés (la déportation[4] n'ayant pas lieu) à la rade d'une petite[5] île; station hélas! bien cruelle, et plus pernicieuse que n'aurait été la plus longue traversée.

Les ministres du Seigneur sont entassés, les uns sur les autres, dans le vaisseau qui leur sert de prison, ou plutôt de cachot : car ils ne reçoivent le jour qu'à travers d'épais barreaux qui laissent échapper, comme à regret, quelques rayons d'une faible lumière, par des fentes extrêmement étroites. Jamais l'histoire n'a fourni, je crois, l'exemple d'un si petit espace occupé par tant de personnes. Chacun de nous, avait tout au plus deux pieds cubes d'air; la supputation en a été faite avec exactitude; et cependant il en faut sept à huit pieds pour qu'un homme puisse vivre. Ainsi l'ont observé les natu-

[3] Voici ce qui m'est personnel. J'ai été chassé de mon presbytère, le 10 avril 1791. J'ai erré aux environs de ma paroisse, vivant des charités de plusieurs personnes généreuses, jusqu'au 20 septembre 1792. A cette époque, j'ai été mis en réclusion à Moulins, chef-lieu de mon département. J'ai demeuré en réclusion, sans communication aucune avec le dehors, jusqu'au 25 novembre 1793, jour auquel j'ai été déporté sans savoir pourquoi. Tout ce que je sais, c'est que j'étais sexagénaire et infirme. Mes confrères n'ont pas été mieux traités que moi.

[4] C'était fait de nous, si le capitaine eut continué sa route; mais par une providence que nous ne saurions trop reconnaître, les Anglais qui croisaient continuellement dans les parages des îles de Ré et d'Oleron, l'obligèrent de jeter l'ancre à la rade de l'île d'Aix. Tel fut le terme de notre déportation : en sorte que n'étant pas sorti de France, on n'a pu dans la rigueur nous mettre au nombre des déportés, ni des émigrés; conséquemment, ceux qui ont vendu mon mobilier n'ont pu s'autoriser d'aucune loi; mais silence là-dessus.

[5] Ile d'Aix à l'embouchure de la Charente, à 4 lieues au couchant de Rochefort, entre les îles de Ré au nord, et d'Oleron au midi.

ralistes. Ce n'est pas tout; lorsque la mort nous avait enlevé vingt prêtres environ, on avait la barbarie d'en faire venir d'ailleurs vingt-quatre ou vingt-cinq. Si la mort continuait de nous enlever nos chers confrères, les morts étaient aussitôt remplacés par un plus grand nombre de vivants. Il n'est donc pas étonnant que l'air de cette prison ait été profondément infecté, la plupart de nous étant infirmes et très âgés.

Bientôt une chaleur meurtrière et une insupportable odeur commencent d'exercer leurs ravages. Ces membres, si dispos et si robustes auparavant, sont en proie à une langueur mortelle. Ces visages vermeils, et où brillaient l'embonpoint et la santé, sont couverts d'une pâleur affreuse. L'ami est une odeur de mort pour son ami le plus cher. Ceux dont le tempérament plus fort résiste davantage aux effets de l'infection se soumettent courageusement à se nourrir des vils aliments[6] qu'on donne ailleurs aux pourceaux, afin de conserver une vie dont Dieu seul peut disposer.

Les poumons desséchés avaient-ils besoin de rafraîchissement, il y a de l'eau; mais souvent de l'eau de cale, infecte, puante, propre tout au plus à exciter des nausées dangereuses. Le pain qu'on donne aux prêtres du Très-Haut est tantôt moisi, jamais cuit à propos; tantôt il fourmille de vers; tantôt il est rongé par les souris; très souvent, il est aussi dur que du bois. Quant aux viandes, quand il plaît à nos persécuteurs de nous en donner, elles sont tellement corrompues que les derniers des mousses et des matelots les repoussent dédaigneusement et les renvoient avec mépris, disant qu'elles ne sont bonnes que pour les déportés. Parfois elles ne sont pas cuites, et conséquemment d'une dureté qui ne

[6] Ces fèves noires, appelées par les marins *gourganes*, étaient en caisse ainsi que le biscuit, le salé et la morue, depuis longues années, et par conséquent, tout était moisi et pourri ; ceux qui se plaignaient étaient mis aux fers.

peut qu'opérer une très pénible digestion, ou elles sont tellement chargées de sel qu'elles sont plus nuisibles que profitables à la santé. Ajoutez une malpropreté tout à fait dégoûtante, et si vous considérez que nous n'avons ni nappe, ni serviette, ni table, ni chaise, ni couteau, ni fourchette, ni assiette, etc.; que, quelque temps qu'il fasse, chaleur suffocante, soleil ardent, pluie, neige[7], vent impétueux, froid excessif, etc., nous sommes obligés de manger debout et presque toujours extraordinairement pressés, vous conviendrez, mes chers lecteurs, que notre traitement était à peu près le même que celui des animaux les plus vils et les plus méprisés; encore ne sont-ils pas gênés comme nous l'étions. Pour le vin, il n'est pas rare de le voir mêlé avec la lie. Quelquefois, c'est de la lie toute pure. Et cette vile nourriture est donnée avec tant de parcimonie qu'on ne doit pas être surpris que la faim, la cruelle faim, ne soit bientôt venue à bout de détruire le peu de forces qui restaient dans des corps déjà mourants.

Les vêtements des malheureux déportés s'altèrent, s'usent, se déchirent et ne sont bientôt plus que des lambeaux..... Quelle main impie et sacrilége a osé avilir et dégrader ces personnes vénérables, sur le front desquelles étaient empreintes l'image et la ressemblance du Souverain Créateur? O fille de Sion! tu n'as plus ni beauté, ni gloire, ni éclat. O Jésus, notre souverain Pontife! vos ministres ne sont plus reconnaissables.

Si un sommeil bienfaisant pouvait au moins répandre ses bénignes influences sur des membres harassés, on pourrait espérer que peu à peu les forces perdues renaîtraient. Mais comment pouvoir dormir sur des planches nues, où la tête, malade et fatiguée extraordinairement,

[7] Nous sommes restés à bord de plusieurs vaisseaux, depuis la fin de mars 1794 jusqu'au commencement de février 1795. Nous mangions ordinairement sur le tillac; il faisait trop obscur dans l'entrepont; d'ailleurs le capitaine, selon que la fantaisie le prenait, défendait d'y manger.

n'a pas où se poser? Comment dormir assiégé continuellement par une multitude d'insectes malfaisants, vermine dégoûtante, puisqu'enfin il la faut nommer, qui renaît pour ainsi dire de ses propres cendres, et dont on ne peut se délivrer, quelques soins et quelque temps qu'en emploie? S'il était permis au moins à ces malheureuses victimes de chanter les cantiques de Sion; s'ils pouvaient vaquer à la récitation du saint office, s'ils pouvaient s'édifier par la lecture d'un livre pieux..... Mais de telles consolations leur sont ôtées. Les livres saints ont été impitoyablement déchirés à leurs yeux. Il leur est même défendu de s'édifier mutuellement par des conférences salutaires et relatives au salut. S'ils parlent la langue naturelle ils exposent les choses saintes à la dérision la plus révoltante, à la profanation la plus impie. S'ils parlent latin, ils sont condamnés aussitôt aux fers comme coupables de complot et de chercher les moyens de se révolter[8]. Il n'est pas permis aux exilés dans la plus cruelle des Babylones, de toucher les cordes d'une harpe si sonore et si consolante, qui donnerait de si merveilleux accroissements à leur soumission, à leur résignation, à leur courage, à leur zèle. La piété, au milieu de tant de délateurs, d'ennemis, de glaives, de blasphèmes, n'a d'autres armes que le silence et les gémissements. Il serait trop long d'entrer dans le détail de cet amas de maux qui fondent ensemble sur les oints du Seigneur. Peut-on penser sans frémir à de pareilles horreurs? La poésie refuse ses couleurs et son pinceau pour tracer un tableau si honteux.

Quelqu'un des nôtres est-il menacé de maladie? au premier signe, la crainte que l'épidémie ne gagne l'équipage, fait qu'une chaloupe,[9] toujours prête, le transporte

[8] Il y en a même qui ont été menacés de la fusillade, en cas de récidive.

[9] Petit bâtiment qui va à rames, quelquefois à voiles et à rames. Il n'a point de pont, et tient le milieu entre la goualette et le canot. Voyez la note qui suit.

sur le champ dans une barque[10] assez distante du vaisseau pour rassurer nos cruels ennemis sur les suites de la contagion. Si le malade est trop faible, ou s'il se permet la moindre représentation, on le hisse,[11] comme on ferait un ballot de marchandises, avec un câble qui l'étouffe, tant sa poitrine est serrée, et on le descend dans la chaloupe malgré lui. Là, il est exposé aux injures de l'air jusqu'à ce que la marée permette de gagner la fatale barque. On lui donne improprement le nom d'hôpital, mais elle mérite à plus juste titre le nom de barque de mort. Les malades et les moribonds y sont amoncelés sur de sales matelas, remplis de vers, de vermine, et infectés par l'ordure. Ces matelas sont-ils hors d'état de servir, on entasse les malades sur des planches nues, où on les laisse quelquefois sans remèdes, sans nourriture, sans soulagement jusqu'à ce[12] qu'ils soient morts. Le roulis de la barque les renverse les uns[13] sur les autres. Presque tous touchent à leur dernière heure et ne se peuvent aider en rien. Quel spectacle déchirant pour un

[10] Barque de transport qui a un mât et un entrepont. On la nomme, en terme de marine, goualette. Cette barque ne suffisant pas, vu la quantité de malades, on en dressa une seconde, dite le second hôpital. Elle fut bientôt aussi pleine que la première. Plusieurs sont morts dans la traversée du vaisseau à la barque; on en sent la raison. Plusieurs ont attendu dans la chaloupe plus de trois heures avant que la marée fût favorable. On laisse à juger combien était triste cette situation.

[11] *Hisser*, en terme de marine, c'est élever en l'air par le moyen des poulies et des mouffles.

[12] Cela est arrivé avant que des prêtres charitables se fussent consacrés au service des malades. Un entr'autres a resté dix jours sur une planche nue et dans l'ordure, sans qu'on lui ait offert une goutte d'eau. Il est mort dans les sentiments de la plus édifiante résignation, et on est fondé à regarder cette mort comme bien précieuse devant Dieu. On a recueilli les dernières paroles de ce digne prêtre; les voici : « Nous sommes les plus malheureux des hommes, mais nous sommes les plus heureux de tous les chrétiens. »

[13] Le roulis est le vacillement du vaisseau occasionné par le vent et la marée. Si le mouvement se fait d'un bord à l'autre, il retient le nom de roulis; s'il se fait de la proue à la poupe, il s'appelle tangage, encore plus dangereux que le roulis. Le vacillement de la goualette, qui n'était fixée que par une petite ancre, était bien plus considérable que celui du vaisseau. Si vous faites attention que souvent, dans le moment même du roulis, les uns vomissaient, les autres satisfaisaient à différents besoins naturels, quelle idée vous formerez-vous de la situation de ces pauvres malheureux!

cœur sensible! Il leur faut absolument du secours. Ils ont surtout un besoin pressant de ces secours contre lesquels la nature se révolte, et à l'idée desquels le cœur se soulève.

Mais, ô merveille du divin amour! la nature a beau frémir, le cœur manifeste en vain sa répugnance. A quel héroïsme ce divin amour ne porte-t-il pas le cœur des mortels! Je vois un nombre de prêtres, embrasés de ce feu céleste, se dévouer pour être infirmiers. Que dis-je! ils font l'office de médecins, de gardes-malades, de domestiques, de pasteurs et d'apôtres. Ils sont tout à tous. Je les vois dans un instant doués de l'intelligence, de l'aptitude, de la dextérité à soulager les malades et à remplir avec fruit les obligations de l'emploi auquel ils se sont livrés, emploi si conforme au zèle ardent et infatigable dont leurs cœurs sont pénétrés.

O essaim généreux de prêtres respectables! par quels vers exalterai-je vos noms qui devraient être célébrés partout? Quels éloges donnerai-je à cette charité sans borne qui se sacrifie pour ses amis? Car vous vous oubliez entièrement vous-mêmes, ô victimes de l'amour du prochain! vous n'hésitez pas à courir toutes sortes de risques. Vous affrontez la mort jusque dans le centre de son empire pour secourir ceux de vos frères que la main de Dieu a frappés. C'est aux dépens de vos jours que vous voudriez conserver les leurs. Tout cela est encore trop peu pour un zèle qui ne se borne pas à une vie qu'il faut perdre tôt ou tard. Vous consolez vos chers confrères dans leurs afflictions et leurs peines intérieures. Vous les fortifiez contre l'ennemi du salut acharné à leur perte. Vous soutenez et affermissez leurs pas chancelants dans la route pénible que la divine justice leur a tracée.

Combien de rétractations édifiantes n'ont pas obtenues votre bon exemple, vos prières assidues, vos ferventes exhortations! Combien de victimes n'avez-vous pas arrachées au gouffre infernal prêt à les engloutir! Combien sans votre secours seraient la proie de ces feux vengeurs allumés par la justice divine pour punir éternellement les hérétiques, les schismatiques et les apostats! Quelle grâce privilégiée pour ces prêtres qu'un serment impie avait séparés de l'Église, de trouver en vous des anges tutélaires qui les remettent dans une voie qu'ils n'auraient pas dû abandonner! Ah! ils ont dû regarder leur déportatien comme une faveur insigne de la divine miséricorde.

Mais malgré vos soins et votre attention, il faut que les décrets éternels soient accomplis. L'iniquité avait inondé toute la France. Depuis le cèdre du Liban jusqu'à l'hysope, tous avaient corrompu leurs voies. Le Souverain Maître ne doit point être miséricordieux aux dépens de sa justice.

Cette justice sévère a été outragée par mille et mille crimes abominables, par mille et mille sacriléges horribles. Elle exige une ample réparation. Elle veut des victimes dignes d'elle et en grand nombre; et voilà que l'ange exterminateur frappe coup sur coup, sans distinctions d'infirmiers ou d'infirmes. Le signal fatal de la mort d'un de nos frères s'élève de la barque, huit, dix et jusqu'à douze fois par jour, pour appeler des fossoyeurs. Des prêtres étaient contraints de rendre ces derniers et tristes devoirs à leurs malheureux confrères; et très souvent après avoir travaillé tout le jour jusqu'à un total épuisement, ils étaient renfermés dans un corps de garde, pendant que leurs barbares conducteurs se livraient aux excès de la crapule et de l'ivrognerie. Ils étaient ensuite, ces malheureux prêtres, conduits de nuit à bord du vaisseau, et presque à jeun. Ils cherchaient à tâton des planches nues pour réparer leurs forces. Combien de fois n'ont-ils pas vu le sabre levé sur leur tête! Combien de fois n'a-t-il pas été question de les jeter à la mer, lorsque le temps orageux faisait péricliter le canot qui les portait![14] Ah! sensibles lecteurs, quels doivent être vos sentiments en lisant ceci? L'excès d'une telle barbarie, exercée contre des prêtres innocents, vous pénètre constamment d'indignation et d'horreur.

Accoutumés à cet effrayant spectacle, nos yeux ne versent plus de larmes : elles paraissent taries. Un silence morne et lugubre prend la place des doux épanchements par lesquels nous nous consolions mutuellement. Un poids immense, et que nous ne saurions définir, pèse de toutes ses forces sur notre cœur navré et défaillant. Absorbés et écrasés sous le poids de l'affliction la plus sombre, nous ressemblons à des statues, à des automates qui ne sentent rien. La joie brutale que font éclater, à la vue de ces morts fréquentes,[15] les tigres à la fureur desquels nous sommes livrés, ne fait plus d'impression sur nous. Dieu infiniment saint! Que la profondeur de vos jugements est incompréhensible! Que l'épreuve où vous nous mettez est douloureuse! Nous ne sommes plus, hélas! qu'un tiers environ de ce que nous

[14] Le plus petit des bâtiments de mer. Il va à rames; il y en a ordinairement deux. Ils sont amarrés au vaisseau, quand on ne s'en sert pas.

[15] Voici deux ou trois anecdotes, car ce serait trop long de vouloir tout rapporter, lesquelles ne laisseront aucun doute sur les intentions sanguinaires de nos bourreaux. Le chirurgien du vaisseau alla un jour visiter les malades; l'infection le fit rester sur le tillac. Il ordonna l'émétique pour douze; ces malheureux prêtres furent privés d'eau et moururent tous en moins de deux jours. Le capitaine d'un vaisseau voisin vint un jour rendre visite au nôtre : « — Bonjour, camarade; comment accomodes-tu tes brigands? — Il en meurt un par jour quelquefois deux, rarement trois — Tu n'y entends goutte : que ne fais-tu comme moi? Que ne les fumes-tu, comme des renards dans leurs terriers; tu verras que cela ira bon train. » Notre malheureux capitaine goûta cet avis et doubla la fumigation, et ses vœux furent exaucés au-delà de ses espérances. Dans le courant du mois d'août 1794, notre capitaine, fatigué, disait-il, de voir des morts si fréquentes, engagea les déportés à faire une pétition au tribunal révolutionnaire de Rochefort, afin d'obtenir d'être mis à terre. La pétition signée de 19 prêtres fut présentée. Il ne trouva pas son humanité à notre égard assez exaltée. Il déchira la pétition, condamna les 19 signataires aux fers pour huit jours. Cette condamnation emportait privation de vin. Avant la fin du mois aucun des signataires ne fut vivant. Je ne pousserai pas plus loin cette énumération; ceci doit suffire. Maintenant, chers lecteurs, si un petit nombre de déportés a survécu, ne devez-vous pas dire, comme autrefois les magiciens de Pharaon : « *Digitus Dei est hic*? Le doigt de Dieu est ici. »

étions[16]. Je suis maintenant le seul de mon diocèse, et il n'y a qu'un moment que j'y comptais dix-neuf confrères.

Ces chers confrères, qui sous le même pontife[17] travaillaient avec moi au saint ministère, ne sont plus. Je les ai vus tomber à mes côtés, les uns après les autres. Ils ont combattu jusqu'à la fin. Ah! ils ont reçu la récompense due à leurs travaux. Ils ont, ainsi que l'or dans le creuset, été purifiés par le feu de la persécution, et en sont sortis mûrs pour la bienheureuse immortalité. Dieu a couronné ses dons en les revêtant de la lumière de gloire. Ils se sont hâtés d'aller chanter avec les esprits bienheureux les louanges du Très-Haut.

O mes chers amis! vous ravissez le Ciel; vous buvez maintenant à longs traits, dans les fontaines de vie, ces joies pures et inexprimables que le cœur de l'homme n'a jamais comprises. Et moi, misérable, accablé sous le poids de ce corps de mort, je traîne encore les chaînes qui me rendront captif dans la triste prison où je suis relégué; et exilé dans cette vallée de misères, j'erre sans cesse en butte à des tempêtes toutes plus ténébreuses les unes que les autres.

Et vous, mon cher Jobier[18], l'ami de mon cœur, vous que j'ai chéri au-dessus de tous, vous abandonnez donc un malheureux ami, dont vous étiez toute la consolation ici-bas. Ah! cher et digne ami, les larmes m'offusquent; elles souillent le papier sur lequel j'écris. Ah! malheureux que je suis! Que ne m'est-il permis d'aller sur ce tombeau chéri, pour y répandre à pleines mains des fleurs arrosées de mes larmes,. pour y pousser de tristes gémissements, jusqu'à ce qu'enfin la mort fermant mes

[16] Il est mort 542 ecclésiastiques sur 827 que nous étions de 35 départements.

[17] M. de Bonal, évêque de Clermont.

[18] Pierre Jobier, prieur-curé de Voussac, diocèse de Bourges, né à Aisné-le-Château, même diocèse. Il est mort le 14 août 1794 dans la cinquante-huitième année de son âge. Il est enterré à l'île d'Aix.

yeux à tous les objets périssables, je puisse me réunir dans le sein de mon Dieu à cet ami avec lequel j'étais uni par les liens de l'amitié la plus pure, la plus désintéressée, et dont la religion était la base.

Mais où m'égare ma sensibilité? O nature fragile! Dieu tout-puissant, venez au secours de votre faible ministre. Ne condamnez pas mes larmes; elles ne me porteront jamais à murmurer contre la main qui me frappe. Je la bénirai, au contraire, cette main paternelle; et toujours je serai persuadé que dans les consolations que j'ai éprouvées, lors de mes entretiens avec ce parfait ami, il n'était que l'instrument dont vous vous serviez; et que c'est vous, ô Dieu de bonté, qui remplissiez mon âme de ces consolations, qui m'ont été si utiles pour m'aider à porter avec soumission la croix que vous m'avez imposée. Ce que vous avez pu faire d'une manière, vous le pouvez faire de mille. Je m'abandonne entièrement à votre adorable providence. Vous savez mieux ce qu'il me faut que moi-même. Ainsi, que ma volonté ne s'accomplisse pas, mais la vôtre. J'espère, ô mon Dieu, que votre sainte grâce dirigera toutes mes actions, et viendra à mon secours pour me faire accomplir la résolution que je forme de n'avoir d'autre volonté que la vôtre. Je sens bien, et je le dis en gémissant, que l'abus de vos grâces m'en rend indigne; mais vous ne rejetterez pas, ô le meilleur de tous les pères, un cœur contrit et humilié.

Pardonnez-moi, mes chers lecteurs. Ah! si vous aviez connu l'excellent ami[19] dont je regrette la perte... Mais

[19] Qu'il me soit permis de consigner ici les päroles de cet excellent confrère. Ce sont presque les dernières que j'ai entendues de sa bouche : « Mon ami, si on a vendu ton mobilier, car dans ces temps malheureux il faut s'attendre à tout ce qu'il y a de plus triste, que cela ne te chagrine pas; j'ai huit lits complets, je t'en donnerai quatre. J'ai cinq rouleaux de toile au blanchissage, chacune de 60 aunes; nous partagerons J'ai assez de meubles pour garnir quatre presbytères comme le tien. Lorsque nous aurons notre liberté, je te laisserai à Voussac et j'irai passer trois semaines dans ton bénéfice, et quand je l'aurai mis en état je viendrai te chercher. Nous passerons ensuite une quinzaine ensemble, tantôt chez moi, tantôt chez toi, et cela au moins trois fois par an. » Dieu en a disposé autrement.

du moins vous n'ignorez pas ce que c'est qu'un véritable ami; et c'en est assez pour moi, pour espérer que vous me pardonnerez cette digression. Je vais reprendre ma tâche.

Ile heureuse et privilégiée, qui, par vos fortifications, défendez nos côtes de l'incursion de l'ennemi, vous êtes petite à la vérité, mais que votre réputation sera étendue! Chacun célébrera, par des cantiques d'allégresse, le glorieux triomphe des saints martyrs dont vous possédez[20] les précieuses dépouilles. Toutes les nations viendront sur vos bords réclamer avec confiance, dans leurs besoins, l'intercession de si puissants protecteurs auprès de Dieu. Ne peut-il pas même arriver que dans votre enceinte un temple auguste soit élevé à la gloire du Seigneur sous l'invocation de ces généreux martyrs? Et alors, île fortunée, de quel éclat ne brillerez-vous pas? Méritez par un retour sincère vers votre Dieu, par une pénitence salutaire qui vous purifie de vos erreurs passées, méritez un bonheur que je vous souhaite bien sincèrement et que j'ose espérer de l'infinie miséricorde de Celui qui prend plaisir à glorifier ses élus.

Mais cependant paraît à mes yeux étonnés un spectacle qui glace de terreur. Généreux athlètes, vous n'êtes pas à la fin de vos combats. Les vents mugissent avec un bruit épouvantable. Le navire, agité par leurs secousses, fait entendre de longs gémissements; les vents du Nord sont déchaînés et soufflent avec une impétuosité qui fait frémir. Nous ne sommes qu'au milieu de l'automne, et voilà l'hiver avec ses rigueurs, ses glaces, ses frimas. Les éléments sont donc tous conjurés contre vous, tristes victimes d'une persécution qui n'a point eu d'exemple?

[20] L'île d'Aix n'est pas le seul endroit où reposent les corps de nos frères décédés. Un certain nombre est enterré à l'île Citoyenne, ci-devant île Madame; d'autres au fort Vazou, etc. L'île Madame n'est proprement qu'une presqu'île, car on peut aller de là à pied sec, quand la marée est basse, au Port-des-Barques qui est en terre ferme, ainsi que le fort Vazou.

Accablés de mille fléaux divers, il manquait encore celui-là pour la perfection de votre couronne.

O spectacle affreux ! Je vois des prêtres vénérables[21] pouvoir prendre à peine, avec des dents tremblantes, la vile nourriture qui leur est présentée. Je vois leurs membres se roidir ; un froid pénétrant et glacé aller, au travers de leurs habits en lambeaux et chargés de vermine[22], jusqu'à la moëlle de leurs os, y détruire un reste de chaleur qui les soutenait encore un peu.

Levez-vous, Dieu éternel et tout-puissant, qui gouvernez par des lois sages les cieux, la terre et les mers, et qui accordez à vos serviteurs la victoire quand il vous plaît; levez-vous, et venez ranimer nos forces défaillantes, afin que nos féroces persécuteurs, qui se réjouissent en croyant notre mort certaine, apprennent qu'il y a un Dieu, et que, quand il est pour nous ou avec nous, nous sommes supérieurs aux attaques infernales réunies à celles de leurs indignes suppôts.

Soyez apaisé, ô Dieu infiniment saint, à la vue du martyre long et cruel que nous avons souffert. Justice sévère de mon Dieu, justice infiniment adorable, et que nous ne connaissions pas assez, soyez aussi apaisée à la vue de ce grand nombre de victimes pures immolées pour vous satisfaire. Que votre religion sainte, ô Dieu

[21] Le triste état de l'un d'eux me frappa. Dans le cours de décembre 1794, je me rencontrai sur le tillac vis-à-vis de ce malheureux confrère. Il versait des larmes ; ses mains toutes gelées avaient perdu le mouvement naturel ; une vermine dégoûtante le couvrait depuis la tête jusqu'aux pieds. « Ah ! ma pauvre sœur, disait-il, je ne vous verrai plus. » Je l'embrassai affectueusement. La conformité de notre sort excitait en moi la plus fraternelle commisération. « — Quel âge a cette sœur chérie ? — 69 ans. — Et vous mon confrère ? — 72. — De quel département êtes-vous ? — De la Meurthe, à plus de 200 lieues d'ici. » J'eus la consolation de réconcilier ce bon prêtre avec notre Dieu. Je le disposais à la mort, et deux jours après il mourut ; le froid l'avait tué.

[22] Cette image dégoûtante paraîtra peut-être trop répétée ; mais nous ne saurions trop pénétrer nos lecteurs de l'horreur de notre état. Qu'ils fassent attention qu'un grand nombre d'entre nous, d'une naissance distinguée, jouissait d'une fortune brillante, et occupait des places bien capables de fixer l'ambition. Qu'ils comparent cette aisance, cette propreté avec une si triste situation.

tout-puissant, revienne triomphante nous procurer cette paix que nous désirons si ardemment : paix durable, paix inaltérable, qui doit faire notre consolation dans les épreuves, les adversités et les croix dont notre triste carrière est nécessairement parsemée ici-bas, paix que le monde ne peut donner et qui seule nous rendra dignes de paraître un jour avec confiance devant le Fils de l'Homme.

C'est ce que j'écrivais, le corps malade, à bord d'un vaisseau horriblement secoué par les flots d'un élément perfide que les vents mutinés soulevaient contre nous [23].

[23] J'ai retouché la pièce précédente... (*Comme cette note est transcrite en entier pages 21-23 du présent opuscule, je ne la reproduis pas ici*)

TABLEAU GÉNÉRAL

Des ecclésiastiques condamnés ou plutôt conduits, sans jugement préalable, à la déportation et fixés (la déportation n'ayant pas eu lieu) à bord des vaisseaux le BORÉE, *les* DEUX-ASSOCIÉS, *l'*INDIEN, *le* WASINGTON, *le* BONHOMME-RICHARD, *où ils ont souffert les chaleurs de la canicule et les rigueurs de l'hiver, ayant séjourné (au moins la plus grande partie) plus de dix mois sur ces vaisseaux.*

	DÉPARTEMENTS	NOMBRE DES DÉPORTÉS	MORTS	VIVANTS
1	Allier.	76	62	14
2	Aube.	3	»	3
3	Calvados.	4	2	2
4	Charente.	23	14	9
5	Charente-Inférieure.	13	10	3
6	Cher.	9	6	3
7	Côtes-du-Nord.	27	17	10
8	Creuse.	21	14	7
9	Dordogne.	62	44	18
10	Doubs.	6	4	2
11	Eure-et-Loire.	9	7	2
12	Finistère.	29	10	19
13	Indre-et-Loire.	2	»	2
14	Isle-et-Vilaine.	2	»	2
15	Lozère.	1	»	1
16	Manche.	2	1	1
17	Marne.	5	4	1
18	Haute-Marne.	3	2	1
19	Meurthe.	48	38	10
20	Meuse.	119	83	36
21	Mont-Blanc.	7	1	6
22	Morbihan.	17	11	6

23 Moselle.	45	27	18
24 Nièvre.	1	1	»
25 Orne.	8	5	3
26 Saône-et-Loire.	36	14	22
27 Sarthe.	3	»	3
28 Seine-et-Marne.	1	»	1
29 Seine-Inférieure.	81	73	8
30 Deux-Sèvres.	2	»	2
31 Somme.	10	5	5
32 Vienne.	33	17	16
33 Haute-Vienne.	89	57	32
34 Vosges.	15	3	12
35 Yonne.	15	10	5
	827	542	285

ÉTAT

Des Prêtres morts à bord des DEUX-ASSOCIÉS *en rade de l'isle d'Aix.*

Cette liste est écrite sur un cahier de papier in-4° ; elle est signée de Lally, capitaine, et de B. Cazenave, enseigne. Les noms y sont affreusement mutilés. Ainsi pour ne prendre que les premiers *Charier, Dein camps, Leviton, Fouchard,* sont mis pour *Cherier, d'Incamps, Nivelon, Souchard.*

Une seconde liste qui paraît être de l'écriture du lieutenant Villecollet est signée de lui et de Lally, capitaine. Elle indique la fonction, et ne mentionne pas la date du décès. Elle porte à 176 le « total des prêtres morts à bord dudit navire. » Les noms y sont encore plus maltraités : Des Essarts, curé de *Cheval à rigout,* pour *Cheval-Rigon;* Reuchout, chanoine de *Billome,* pour Billom ; Deltour, curé à *Alier,* pour *Saint-Alyre, Escoreau, Caseé,* pour *Escurolles, Cusset.* Comment se reconnaître ? Nous avons rétabli l'ortographe des noms propres autant que nous l'avons pu, en reconnaissant que nous avons dû laisser passer bien des fautes.

Nous publions la première de ces listes, ajoutant à la suite de chaque nom les indications fournies par la seconde.

Département de l'Allier.

Antoine Chérier, mort le 16 fructidor.

Jean Desessard, mort le 9 thermidor, curé de Cheval-Rigon.

Jean-Antoine Reuchoux, mort le 21 messidor, chanoine de Billom.

Denis Deltour, mort le 16 thermidor, curé à Saint-Alyre.

Jean Desjardins, mort le 18 messidor, religieux de Septfonts.

Joseph d'Incamps, mort le 1er messsidor, religieux de Septfonts.

Antoine Tournaire, mort le 20 fructidor, curé de Barberier.

Guillaume Iroudy, mort le 4 vendémiaire, curé de Vesse.

Pierre Petit, mort le 11 thermidor, prêtre.

Pierre Godin, mort le 23 messidor, curé de Maillet.

Michel Nivelon, mort le 28 messidor, curé de Sauvagny.

Jean-Pierre Pinturel, mort le 5 thermidor, curé d'Escuroles.

Jacques Bernard, mort le 11 fructidor, curé de Vouroux-les-Varennes.

Pierre David, mort le 21 fructidor, curé de Molles.

Jean Mopinot, mort le 2 prairial, frère des écoles chrétiennes.

Joseph Souchard, mort le 26 messidor, cordelier.

Pierre Cerindat, mort le 1er fructidor.

Jacques Valarcher, mort le 22 messidor, curé de Saint-Pons.

René Leroy, mort le 5 fructidor, trappiste.

Nicolas Giraud, mort le 15 floréal, curé de Vichy.

Jacques-Xavier Loir, mort le 30 floréal, capucin.

Louis Depons, mort le 16 messidor, prêtre de Cusset.

Alexandre Moutet, mort le 7 vendémiaire.

Joseph Jouffret, mort le 23 thermidor, prêtre d'Autun.

Gilbert Molle, mort le 18 fructidor.

Pierre Rousseau, mort le 28 fructidor.

Pierre Jobier, mort le 27 thermidor, curé de Voussac.

Jean-Guillaume Bernard, mort le 10 thermidor[1].

Augustin Douvreleur, mort le 1er fructidor.

Pierre Montjournal, mort le 13 prairial, chanoine de Moulins.

Jean Graillot, mort le 29 thermidor.

Jean Roux, mort le 29 prairial, curé de Saint-Léon.

François Lucas, mort le 13 fructidor, curé de Rocles.

Pierre Lucas, mort le 8 thermidor.

[1] Il y a là une erreur. Aucun déporté de ce nom n'a péri sur les *Deux-Associés*. Il s'agit ici de Jacques Bernard, curé de Vouroux-lès-Varennes, que Lequin fait mourir, non le 28 juillet (10 thermidor), mais le 27 *août*; peut-être faute d'impréssion pour 27 *juillet*.

Jean Ripoud, mort le 1er thermidor, chanoine de Moulins.

Jean-Pierre Prat, mort le 1er thermidor, chanoine.

Jacques-Etienne Joudioux, mort le 17 fructidor.

Cloud Formey, mort le 1er fructidor.

Jean Raimond, mort le 25 thermidor.

Pierre Gravier, mort le 9 fructidor.

Nicolas Savouret, mort le 28 messidor, cordelier de Moulins.

Pierre-Sulpice-Chistophe Faverge, mort...

Sébastien Dubarry, mort le 8 fructidor.

Joseph Imbert, mort le 21 prairial, jésuite.

Philippe Papon, mort le 22 prairial, curé de Contigny.

Paul Charles, mort le 8 fructidor.

Claude Laplace, mort le 28 fructidor.

Jean Causse, mort le 9 messidor.

Noël-Hilaire Leconte, mort le 30 thermidor.

Antoine Rodier, mort le 7 fructidor.

Henri Roux, mort le 6 thermidor, curé de Lusigny.

Jean-Gilbert Chouvigny, mort...

Jean Dubost, mort le 1er thermidor, curé de Theneuille.

Antoine Dubost, mort le 22 thermidor, curé de Saint-Caprais.

Pierre-Joseph Legroin, mort le 8 thermidor, prêtre de Bourges.

Pierre Gueston, mort le 25 floréal, curé de Saint-Angel.

En tout 56. La deuxième liste qui ne donne que 32 morts indique Beraud, chanoine de Moulins, omis sur la première.

Département de la Charente-Inférieure.

Michel-Dominique Luchet, mort le 3 fructidor.

Guillaume Poutard, mort le 1er vendémiaire

Jacques-Pierre Vinant, mort.

Jacques-Philippe Bacles, mort le 6 fructidor.

François Martin, mort le 25 fructidor.

Jacques Juliard, mort le 27 messidor, curé de Boutenac.

Joseph Grangier, mort le 12 messidor, bénédictin de Saint-Jean-d'Angély.

François Greard, mort le 6 prairial, capucin à Rochefort.

Louis-Marie Léonard, mort le 28 thermidor, curé de Marennes.

Jean-Baptiste-Etienne Sauzy, mort le 10 fructidor.

Total 10.

Département de la Haute-Vienne.

Jean-François Lamorelie, mort le 13 thermidor, chanoine de Saint-Yrieix.

Antoine Roulhac, mort le 14 floréal, prêtre de Limoges, 40 ans, enterré à l'île d'Aix.

Joseph Couderc, mort le 11 thermidor, prêtre, carme déchaussé, à Limoges.

Jean-Baptiste Auzanet, mort le 4 fructidor.

Jean Dumonteil, mort le 3 thermidor, prêtre, chanoine de Saint-Malo, en Bretagne.

Pierre Puyredon, mort le 23 thermidor, prêtre-doyen du chapitre de Saint-Yrieix.

Pierre-Yrieix Laborderie, mort le 13 messidor, prêtre, chanoine de Saint-Yrieix.

Pierre de Brie, mort.

Pierre Gabilhaut, mort le 26 thermidor, curé de Saint-Christophe.

Hubert-Jean-Laurent Lochechoir, mort.

François Rouffi, mort le 28 messidor, grand carme, prêtre de Limoges.

Louis Wephay (?), mort le 12 fructidor.

Jacques Retouret, mort le 9 fructidor.

Jacques-Paul Rempnout, mort le 19 fructidor, prêtre de La Rochelle.

Jean-Baptiste Labiche, mort le 25 thermidor, bénédictin de Limoges.

Mathurin Tabarau, mort le 16 thermidor, prêtre de Limoges.

Léonard La Rouvérade, mort le 28 messidor, chanoine de Limoges.

Claude-Laurent Maselou (?), mort le 21 fructidor.

Gaucher Labiche, mort le 8 thermidor, prêtre de Limoges.

Jean-Joseph Faulte, prévot, mort le 1er vendémiaire.

Nicolas Varagne, mort le 12 thermidor, bénéficier de la cathédrale de Limoges.

Joseph Savary, mort le 16 floréal, prêtre, grand carme de Mortemart, 45 ans.

Daniel Lafon, mort le 18 prairial, curé de Rosier-Saint-Georges.

François Léonard, mort le 5 fructidor.

Jean-Baptiste Bonhomme-Forestier, mort le 7 thermidor, chanoine de Saint-Yrieix.

François La Boissière, mort le 21 fructidor.

Guillaume Dardonneau, mort le 26 fructidor.

Jacques-François Pétiniau, mort le 30 thermidor.

François Sauvage, mort le 19 messidor, chanoine de Saint-Léonard.

Laurent du Montel-Cardaillac, mort le 19 fructidor.

Joseph Martin, mort le 28 thermidor, prêtre, chanoine de la cathédrale de Limoges.

Barthélemy La Morelie, mort le 28 messidor, prêtre, ex-cluniste de Saint-Yriex.

François Bardinet, génovefin, mort le 20 fructidor.

Jean-Baptiste Meilhac, mort le 29 messidor, prêtre, chanoine d'Eymoutiers.

Psalmet Lamontre, mort le 8 fructidor.

Junien Bernard, chanceladais, mort.

Charles Jarsat (Beugnières de Serre de), mort le 31 thermidor, prêtre, chanoine d'Eymoutiers.

Henry Teulier, mort le 30 thermidor.

Jean-Joseph Juge, mort le 19 messidor, prêtre, chanoine de la cathédrale de Limoges.

Jean-Baptiste Bruxelles, mort le 30 messidor, prêtre, chanoine de Saint-Léonard.

Jean-Barthélemy Martin, mort le 7 thermidor, prêtre de Limoges.

Michel Malaud, mort le 29 messidor, prêtre, bénéficier de la collégiale de Limoges.

Jacques Texaudier, mort le 8 fructidor.

Melchior Cramouzeaud, mort le 7 thermidor, prêtre, chanoine théologal de la collégiale de Limoges.

Raimond Petiniaud, mort le 8 messidor, chantre de la cathédrale de Limoges.

Mathurin Jonchade, mort le 21 thermidor, curé de Soulignac.

Pierre Mazard, mort le 11 thermidor, chanoine de Saint-Yriex.

Jean-Baptiste Duverneuil, mort le 13 messidor, carme déchaussé à Bordeaux.

Jean-Baptiste Lamontre, mort le 30 thermidor.

Antoine Raimond, mort le 11 thermidor, prêtre à Eymoutiers.

Cramouzeaud Lenfant (Léonard-Joseph de), mort le 13 thermidor, chanoine à Eymoutiers.

Jacques Lombardy, mort le 4 thermidor, curé à Saint-Hilaire-Foissac.

François Jort, mort le 2 vendémiaire.

Total : 53.

Département de la Vienne.

Philippe Cornette, mort le 6 floréal, chanoine du Dorat (Haute-Vienne), 49 ans, entouré au fort Lupin.

Louis Guigné, mort le 5 fructidor.

Jean-Baptiste Létourneau, mort le 24 fructidor.

Louis-Jacques Gennet, mort le 8 fructidor.

Pierre Pichaut, mort le 8 fructidor.

Jacques Marcou, mort le 1er messidor, chanoine à Loudun.

Jean Taupin, mort le 25 thermidor, curé à Saint-Saviolles.

Jean-Baptiste Hippolyte Belloque[1], mort le 4 floréal, chanoine de Poitiers.

Jean-Baptiste Huguet de la Peroterie, mort le 4 floréal curé de Jouhé, district de Montmorillon, 54 ans, enterré au Vergeroux.

Jean-Baptiste-Joseph Pichard, mort le 10 fructidor.

Jacques Maurille Dupas, mort le 3 messidor, vicaire de Ruffec.

Jean-Marie Bonnet, mort le 7 floréal, curé de Saint-Martin-Hars, 50 ans, enterré au fort Vazou.

Pierre Brin, mort le 20 thermidor, curé de Crevaille.

François Riom, mort le 13 thermidor, vicaire de Saint-Phelle-de-Maillé.

Jacques-Pierre Poitevin.

Total 15.

Département de la Seine-Inférieure.

Adrien Soulez, mort le 5 fructidor.

Pierre Clément, mort le 19 messidor, prêtre de Rouen.

Jean Bourdon, mort le 6 fructidor.

Pierre-André-Mathurin Lalouelle, mort le 2 thermidor, prêtre de Rouen.

Pierre-Nicolas Breton, mort le 10 fructidor.

Charles-Nicolas-Pierre Ancel, mort le 11 thermidor, prêtre de Rouen.

[1] 4 floréal. Extrait mortuaire du nommé Jean Baptiste Hipolite, chanoine de la Domadière de saint hilaire de Poitiers, département de la Vienne, âgé de 32 ans, enterré au Verjou, ledit jour pour valoir avons signé a bord des *deux associés*,

LALLY, cap.; PETIT, l.; LAMOTHE, f. fon. de comis au Revue.

Jacques Ravette (l'aîné), mort le 9 fructidor.

Joseph Ravette (le jeune), mort le 9 fructidor.

Jean-Auguste-Alexandre Godard, mort le 24 fructidor.

Arnaud Caulle, mort le 29 prairial, prêtre sans fonctions de Rouen.

Jacques-Philippe-Guillaume-François Colas, mort le 22 fructidor.

Jean-Baptiste Hedoux, mort le 22 messidor, prêtre sans fonctions de Rouen.

Louis-Martin Guéroult, mort le 15 fructidor.

Pierre-François-Alexix Raffey, mort le 23 messidor, prêtre sans fonctions de Rouen.

Pierre Auger, mort le 24 thermidor, prêtre sans fonctions de Rouen.

Jean-Pierre Pelletier, mort le 29 thermidor.

François Normand, mort le 7 floréal, prêtre, chapelain de Rouen.

Pierre-Michel Noël, mort le 18 thermidor, prêtre sans fonctions de Pavilly.

Jean-Thomas Labelle, mort le 10 fructidor.

Nicolas Dupuis, mort le 22 messidor, prêtre bénéficier de Gommerville.

Jacques Duval, mort le 28 prairial, prêtre de Rouen.

Jean Delahay, mort le 2 vendémiaire.

Michel-Bernard Marchand, mort le 27 messidor, prêtre à Rouen.

Jean-François Fortin, mort le 3 fructidor.

Jean-Baptiste Baudet, mort le 30 messidor, prêtre à Rouen.

François Bourdet, mort le 19 thermidor, prêtre à Rouen.

François de Fontenay, mort le 22 fructidor.

Jean-Baptiste-Charles Petit, mort le 20 thermidor, prêtre à Rouen.

Gilles-Joseph Ferest, mort le 11 fructidor.

Martin Loiselerie, mort le 28 fructidor[1].

Nicolas Amabile, mort le 3 fructidor.

Jacques François, mort le 3 thermidor, prêtre de Rouen.

Pierre-Antoine Guillot, mort le 11 messidor, curé d'Hauteville.

Jean-François Vallée, mort le 9 thermidor, frère capucin de Rouen.

Jean-Pierre Deville, mort le 21 fructidor.

Louis-François Lebrun, mort le 3 fructidor.

Adrien Leneumez, mort le 28 messidor, prêtre, capudin de Rouen.

Etienne Delarue, mort le 26 thermidor, prêtre de Rouen.

Toussaint Cauvain, mort le 15 thermidor, sous-diacre de Rouen.

Jean-Baptiste Quesnel, mort le 17 messidor, prêtre de Bivillé-la-Martère.

Jean-Vincent Fontaine, mort le 28 thermidor, prêtre sans fonctions de Rouen.

Benoît Laurant, mort le 28 messidor, prêtre de Rouen.

Nicolas-Benjamin-François Vauquet, mort le 22 fructidor, prêtre chartreux de Rouen.

Marie-Nicolas Langlais, mort le 28 prairial, prêtre capucin de Vernon.

Jacques-Marie Fontenaut, mort le 27 thermidor, curé de Vicqueli.

Pierre-Robert Bénard, mort le 29 fructidor.

Claude Bequinot, mort le 28 messidor, prêtre chartreux à Rouen.

Jonathas Larcher, mort le 24 thermidor, curé de Menerval.

Louis Vivien, mort le 10 fructidor.

[1] Ne serait-ce pas Pierre-Jacques-Jean Loiselière, prêtre de Rouen, mort le 16 septembre (30 fructidor).

Jean Humequet, mort le 4 fructidor.

Simon-Pierre Groult, mort le 25 thermidor, chapelain de Courçon.

Jean-Louis Hudebert, mort le 2 vendémiaire.

Martin-Thierry Rollet, mort le 6 fructidor.

Pierre Deschamps, mort le 21 thermidor, prêtre capucin de Rouen.

Charles Vauquet, mort le 6 thermidor.

Jean Groult, mort le 29 thermidor, curé doyen d'Yvetot.

Emmanuel Deschamps, mort le 18 vendémiaire.

Jean-Baptiste Corbet, mort le 28 messidor, prêtre capucin.

Jean-Baptiste Reux, mort le 23 thermidor, prêtre de Rouen.

Jean-Jacques-Nicolas Buquet, mort le 22 thermidor, prêtre de Rouen.

Pierre-François Doré, mort le 1er fructidor.

Nicolas Dubois, mort le 11 fructidor.

Tannegui-Damien Roussel, mort le 28 prairial, prêtre de Rouen.

Charles-Etienne Lefiou, mort.

Pierre Rigault, mort le 17 fructidor.

Louis-Amand-Joseph Adam, mort le 25 messidor, prêtre cordelier de Rouen.

Pierre-Benjamin Ferrant, mort le 5 fructidor.

Jean-Baptiste Mazurier, mort le 1er fructidor.

Pierre-Denis Luté, mort le 9 fructidor.

Total 69.

Département de la Dordogne.

Jean-Guillaume Mater, mort le 1er fructidor.

François Chabaus-Richemont, mort le 1er thermidor, chanoine à Périgueux.

François Demoy, mort le 11 thermidor, chanoine régulier de Chanclade.

Pierre Debets, mort le 17 fructidor.

François Lavergne, mort le 3 messidor, desservant à Saint-Michel-Lécluse.

François Mayaudon, mort le 25 fructidor.

Mathieu Bourdet, mort le 7 brumaire.

Jean Bru, mort le 1er vendémiaire.

Antoine Gignoux, mort le 16 fructidor.

Paul-Antoine-Auriel Constant, mort le 28 prairial, prêtre sans traitement.

Elie Leymarie, mort le 5 fructidor.

Guillaume Patoureau, mort le 1er vendémiaire.

Adrien Laramade, mort le 12 thermidor, desservant à Pillac.

Gérault Rebeyre, mort le 4 fructidor.

Pierre Reveilhas, mort le 10 thermidor, curé de Ronsenac.

Jacques Poujol, mort le 12 thermidor, vicaire de Lerna.

Mathieu Poujol, mort le 17 thermidor, prêtre sans fonctions de Argoule (?).

Pierre-Joseph Teyssandier, mort le 7 fructidor.

Elie-Jean Guitrac, mort le 2 thermidor, curé de Pouchamp.

François Texier, mort le 27 thermidor, curé de Bédenac.

Mathurin Bourgouin, mort le 19 thermidor, prêtre à Saint-Julien.

Elie Eymard, mort le 11 fructidor.

Jean Dugravier, mort le 28 messidor, prêtre à Bordeaux.

Jean Guyot, mort le 22 messidor, prêtre à Villefranche.

Antoine Trin, mort le 3 fructidor.

Jean Valette, mort le 8 messidor, curé à Paussac.

Pierre Faure, mort le 29 messidor.

Léonard Soulier, mort le 7 thermidor, récollet de Périgueux.

François Giboin, mort le 26 fructidor.

Jean-Baptiste Flaujac, mort le 15 fructidor.

Jean-Baptiste Lentilhac, mort le 3 messidor, curé à Saban.

François Lavergne, mort le 5 fructidor.

Benoist Vechambre, mort le 16 fructidor.

Pierre Dusolier, mort le 4 brumaire.

Total : 34.

Département du Doubs.

Pierre-Marie Moulin, mort le 21 thermidor, prêtre, chanoine de Reims.

Jean-Louis Fauxemberge, mort le 10 prairial, prêtre, chapelain de Saint-Maixent.

Département du Morbian.

André-François Brulon, mort le 11 fructidor.

Joseph-Pierre Robert, mort le 16 fructidor.

Louis-Augustin Bernard, mort le 16 messidor, vicaire de Bais.

Pierre Hervei, mort le 8 fructidor.

Vincent Benoist, mort le 13 fructidor.

Sébastien Lebiham, mort le 15 vendémiaire.

Louis-Joseph Gardy, mort le 23 floréal, prêtre sans fonctions de Hennebon, 42 ans.

Pierre Pierru, mort le 26 messidor, prêtre de Vannes.

Jean-Louis Riguidel, mort le 13 fructidor.

Jean Lethiec, mort le 4 fructidor.

Département de la Creuse.

Jean-Baptiste Desrit, mort le 7 thermidor, curé de Mazeyrat.

Antoine Banassat, mort le 1er fructidor.

Joseph Marchandon, mort le 1er vendémiaire.

Jacques-Barthelémy Parelon, mort le 26 messidor, prêtre sans fonctions à Bénévent.

Département de la Meurthe.

Gervais Brunel, mort le 3 fructidor.

Joseph Grimont, mort le 2 prairial, chanoine de Toul.

Charles Rembourg, mort le 3 thermidor, chartreux de Raucerville.

Joseph Lallemand, mort le 21 fructidor.

Joseph-François Guérin, mort le 13 fructidor.

Nicolas Claude, mort le 29 thermidor.

Jean-Baptiste Barthélemy, mort le 8 fructidor.

François François, mort le 23 thermidor, capucin à Nancy.

Jean-Louis Grangury, mort le 6 fructidor.

Antoine Maters, mort le 23 thermidor, cordelier à Nancy.

Joseph Thomas, mort le 24 thermidor, jacobin à Nancy.

Claude Richard, mort le 22 thermidor, bénédictin à Nancy.

Jacques Gagnot, mort le 24 fructidor.

Eloi Richy, mort le 12 fructidor.

Michel-Joseph Dujonquoi, mort le 4 fructidor.

Jean-François Jansson, mort le 3 thermidor, capucin à Nancy.

Jacques Heybergier, mort le 22 prairial, cordelier à Nancy.

Nicolas Henry, mort le 22 vendémiaire.

Jean Drand, mort le 19 fructidor.

Pierre Courvoisier, mort le 5 fructidor.

Joseph Lemoine, tiercelin, mort le 27 fructidor.

Michetant, mort le 12 thermidor, minime à Nancy.

Joseph Grandmaire, mort le 3 prairial, tiercelin.

Jean-Baptiste Nicolas, mort le 8 fructidor.

Jean-François Prévost, mort le 30 fructidor.

Jean-Baptiste Hussenot, mort le 27 thermidor, tiercelin à Nancy.

Jean Ponsont, mort le 6 fructidor.

Pierre Sirejean, mort le 7 thermidor, cordelier à Nancy.

François Dubois, mort le 23 prairial, capucin à Nancy.

Pierre Antoine, mort le 23 thermidor, cordelier à Nancy.

Jean Colin, mort le 5 fructidor.

Jean-Baptiste Guillaume, mort le 10 thermidor.

Denis Debrochain, mort le 30 thermidor.

Chrétien-Nicolas Gorgin, mort le 18 thermidor.

Pierre Mathieu, mort le 1er messidor, vicaire à Lunéville.

Jean-François Oppel, mort le 5 fructidor.

Total : 36.

Département du Cher.

Lelardeux, élargi le 28 messidor.

Charles Dubignon, mort le 4 prairial, prêtre à Bourges.

Jacques Bergier, mort le 25 prairial, prêtre à Bourges.

Louis Gerberon, mort le 10 fructidor.

François Leblanc, mort le 4 fructidor.

Total : 4.

Département d'Eure-et-Loire.

Joseph Esnault, mort le 11 vendémiaire.

Henry Lecuitter, mort le 29 flloréal.

Georges Drutel, mort le 28 prairial, précepteur à Orléans.

Louis Forest, mort le 10 fructidor.

Louis Brulard, mort le 7 thermidor, carme à Charenton.

René Boucher, mort le 24 thermidor, chanoine à Châteaudun.

Total : 6.

Département des Côtes-du-Nord.

Jean Veilhon, mort le 14 thermidor curé à Mégrit.

Marie Fercocq, mort le 20 fructidor.

Gabriel Pergaud, mort le 3 thermidor, religieux à l'abbaye de Beaulieu, paroisse de Mégrit.

François Lesaunier, mort le 1er thermidor, sous-diacre de Plevin.

Jean Herveix, mort le 29 thermidor.

Guillaume Cajan, mort le 8 thermidor, capucin à Nantes.

Jean Rolles, mort le 19 thermidor, prêtre à Pliquain.

Gabriel-Marie Prat, mort le 30 thermidor, prêtre à Plouzalampré.

Jacques Jean, mort le 26 messidor, vicaire à Brailevel.

François Le Coent, mort le 6 thermidor, vicaire à Burtalet.

Pierre Bellivet, mort le 26 termidor, vicaire à Rosternen.

Jean-Marie Bernard, mort le 11 thermidor, prêtre à Saint-Lantic.

Total : 12.

Département de la Somme.

Belé Trumieux, mort le 17 fructidor.

Pierre Fabignon, mort le 30 thermidor.

Jean-Louis-Guillaume Ferain, mort le 5 vendémiaire.

Augustin-Joseph Le Roux.

Total : 4.

Département de la Marne.

Laurent-Louis Dupré, mort le 30 thermidor.

Département de la Meuse.

Jean Cuichier, mort le 13 thermidor, *alias* Jean Guilyet, chanoine à Verdun.

Jean-François Roussot, mort le 22 fructidor.

Charles-Hyacinthe Thomas, mort le 1er fructidor.

Nicolas Barthelémy, mort le 26 thermidor, bénédictin à Verdun.

Claude Didelot, mort le fructidor.

François Andoire, mort le 4 tructidor.

Claude Bonnaire, mort le 22 fructidor.

Jean-François Carcanot, mort le 29 thermidor.

Nicolas Lombale, mort le 30 thermidor.

Jean-François Lefort, mort le 8 vendémiaire.

Nicolas de Tastre, mort le 18 fructidor.

Claude-François Varin, mort le 10 vendémiaire.

Claude-François Michel, mort le 2 vendémiaire.

Etienne Dhabert, mort le 1er vendémiaire.

Pierre Laurent mort le 27 thermidor, vicaire à Stenay.

Jean-Blaise Lamoureux, mort le 1er vendémiaire.

Antoine Lamore, mort le 15 fructidor.

Christophe-Hubert Robert, mort le 1er fructidor.

André de Haut, mort le 23 thermidor, chanoine de Saint-Dié.

Charles-Ignace-Sébastien d'Abbville, mort le 5 fructidor.

Pierre-François Maréchal, mort le 8 fructidor.

Pierre Grancolas, mort.

Théodore Charlemaire, mort le 25 fructidor.

Gilles Urbin, mort le 26 thermidor, ex-curé de Montmédy.

Jean-Baptiste Marquet, mort le 22 fructidor[1].

Total : 25.

[1] Aujourd'hui dix-huit floréal, lan deux de la République française une et indivisible, par devant moy Estienne Huet, officier publique et membre du conseil général de la commune de Sainte-Maure, département d'Indre-et-Loire, est comparu... Jacques-Michel Commandeau, aubergiste... lequel m'a déclaré que le citoyen Vautreau, cy-devant curé de Ligny-sur-Marne, département de la Meuse, prêtre condamné à la déportation, est décédé le jour d'hier, cinq heures aprêt midi, dans son domicille et qu'il a fait porter son corps... au pied de l'arbre de la fraternité... pour être par moy conduit au champ du repost.....

HUET, officier publique.

Extrait des registres de la commune de Sainte-Maure, district de Chinon (Indre-et-Loire.)

Département de Somme[1]-et-Loire.

Jean-Baptiste Sigorgne, mort le 3 fructidor.
Jean-Baptiste Laborier, mort.
Pierre Talmeuf, mort.
Antoine Chide, mort le 30 fructidor.
Total : 4.

Aprouvée par nous cap^ne et officier du navire des *deux Acociees* — 3e anne republiquaine.

LALLY, cap^ne., B. CAZENAVE, en.

ETATS MORTUAIRES

Des déportés de la flûte le WASHINGTON, *commandée par le citoyen Gibert, enseigne de vaisseau entretenu à l'isle d'Aix, à commencer du mois de Messidor an 2e de la République française une et indivisible au mois de vendémiaire 3e année.*

14 messidor, Léon Georget, ex-chanoine de Montfaucon, district de Clermont (Meuse), 60 ans ; — 15, Michel-Elie Eblinger, natif d'Otonville (Moselle), ex-hermite, 66 ans ; — 21, François-Nicolas Lambeaux, natif de Villers-sous-Preny (Meuse), 63 ans, ex-curé ; — Philippe Brandel, ex-frère bernardin à Otonville (Moselle), 69 ans ; — 25, Hippolyte Cholet, ex-chanoine de Montfaucon (Meuse), 69 ans ; — Jean Golier, ex-curé de Bouée (Meuse), 64 ans.

7 thermidor, Jean-Baptiste Henard, ex-curé d'Amerville (Meuse), 67 ans ; — 8, François-Laurent Druillet, ex-chanoine de Guéret (Creuse), 61 ans ; — 12, François Meffet, ex-chanoine de Lautenbach (Bas-Rhin), 61 ans ; — 17, Charles Crette, ex-curé d'Etain (Meuse), 60 ans ; — 18, François Jean, vicaire à Bidin, comté de Créange,

[1] Saône.

terre de l'Empire, 55 ans; — 19, Etienne-Nicolas de Lamorre, ex-chanoine de Ligny (Meuse), 35 ans; — 23, Jean-Baptiste-Dupré, ex-prémontré, curé de Nixéville (Meuse), 76 ans; — Lazare Tiersot, ex-chartreux, résidant à Avallon (Yonne), 56 ans; — 29, Jean-Baptiste Ménestrel, ex-chanoine à Remiremont (Vosges), 46 ans; — Jean-Pierre Henry, ex-curé d'Aube (Moselle), 68 ans.

2 fructidor, Nicolas François, ex-chanoine de Metz (Moselle), 47 ans; — 3, Louis Beignard, ex-curé de Caroug (Orne), 46 ans; — 5, François-Alexandre-Maurin Romécourt, ex-chanoine de Commercy (Meuse), 73 ans; — 7, Simon Laurent, ex-curé de Riaville (Meuse), 53 ans; — Paul-Hiacynthe Manisson, ex-jésuite de Bar-sur-Ornin (Meuse), 64 ans; — 8, Etienne Delatre, ex-curé de Woimbey (Meuse), 71 ans; — 9, Nicolas-Louis Leblanc, ex-prêtre, chanoine de Montfaucon (Meuse), 57 ans; — Pierre Brulon, ex-prieur d'Azenai, simple tonsuré (Meuse), 50 ans; — 10, Antoine Poissonnier, ex-chanoine de Guéret (Creuse), 58 ans; — 11, François-Mathurin Pelletier, ex-curé de Lafaye (Charente), 56 ans; — Charles-Arnould Hanus, ex-doyen de Ligny (Meuse), 71 ans; — 13, Nicolas Hautcolas, ex-curé de Loison (Meuse), 72 ans; — Nicolas Friche, ex-religieux augustin de Thionville (Moselle), 67 ans; — 15, François Laurette, ex-curé de Ham devant Pierrepont (Meuse), 74 ans; — 16, François Duplexis, ex-curé de Mornac (Charente), 46 ans, — 18, Jean Gougelet, ex-curé de Changy (Marne), 38 ans; — Scipion-Jérôme Brigeat, ex-prêtre d'Avranches (Meuse), 62 ans; — Nicolas Colignon, ex-curé d'Heudicourt (Meuse), 81 ans; — 19, Claude-François Tissot, ex-aumônier général de l'armée de la Moselle, 44 ans; — Jean-Baptiste Collin, ex-curé de Landremont (Moselle), 45 ans; — François Delphieux, ex-curé de Brie en Chalais (Charente), 60 ans; — 20, Christophe Cheyk, ex-frère de l'école chrétienne (Moselle), 60 ans; — Claude-Joseph-Anet de Longueil, ex-chanoine de Metz (Moselle), 64 ans; — 21, François Lau-

rent, ex-curé de Naives-en-Blois (Meuse), 63 ans; — 22, Thomas Castillard, ex-chapelain de Vigneul (Meuse), 68 ans; — Louis Maucourt, ex-prêtre, chapelain de l'hôpital de Stenay (Meuse), 62 ans ; — Pierre Baudouin, ex-prêtre de Maucourt (Moselle), 63 ans ; — Jean Chauvet, ex-curé de Charrières (Creuse), 36 ans ; — Louis Jeaunet, ex-professeur au séminaire d'Angoulême (Charente), 33 ans ; — 26, Jean Jayle, ex-prêtre à Terranon (Dordogne), 58 ans; — Adam Christiany, ex-curé d'Inglange (Moselle), 64 ans; — Antoine-Christophe Leblanc, curé de Montfaucon (Meuse), 61 ans; — Jean Gilbert, ex-prêtre d'Angoulême (Charente), 33 ans; — 27, Antoine Guignard, ex-minime de Macon (Saône-et-Loire), 39 ans ; — Germain Plassard, ex-vicaire de Pleiben (Finistère), 50 ans; — Claude Dumonet, professeur au collége de Macon (Saône-et-Loire), 48 ans ; — 28, Nicolas Paradis, ex-curé de Parroy (Meuse), 68 ans ; — Etienne-Charles-Antoine Duplain, ex-vicaire de Chémiré-le-Gaudin (Sarthe), 44 ans.

1er sans-culottides, Jean-Baptiste Blondelay, ex-chapelain de Clermont-en-Argonne (Meuse), 65 ans ; — Jean-Baptiste Lenel, ex-chapelain de Stenay (Meuse), 67 ans ; — 3, Daniel-Henry Pinot (?) ex-curé de Thionville (Moselle), 63 ans ; — 4, André Rémond, ex-curé d'Asnières (Yonne), 60 ans; — 5, Pierre Nouvelet, ex-chanoine de Montfaucon (Meuse), 74 ans : — Jean Michel, ex-prêtre de Metz (Moselle), 65 ans.

2 vendémiaire, Pierre Bardet, ex-administrateur du Petit-Nançois (Meuse), 62 ans; — 3, Joseph Corvaisier, ex-curé d'Hervillac (Finistère), 59 ans ; — 6, Jean-Pierre Etienne, ex-curé de Belzain (Meuse), 66 ans.

FIN.

TABLE

Les Pontons de Rochefort en 1793-95, ou « Relation de ce qu'ont souffert les Prêtres conduits à la rade de l'isle d'Aix... par un prêtre du département de l'Allier. »

L. A.

Saintes, imp. P. Orliaguet, quai des Récollets.

www.ingramcontent.com/pod-product-compliance
Ingram Content Group UK Ltd.
Pitfield, Milton Keynes, MK11 3LW, UK
UKHW021157220726
13924UKWH00003B/1164

9 782019 945688